Zu diesem Buch

Alles, was ihr schon immer über Neurose, Libido, Ich und Es wissen wolltet, aber irgendwie aus dem Gedächtnis verloren habt — hier findet ihr es wieder und erfahrt, woher es kommt.

Freuds Entdeckungen in der Innenwelt haben unsere Einstellung zueinander, zu seelischer Krankheit, Religion, Kunst und Kultur verändert. Das dokumentarische Comic-Sachbuch von A & Z bringt in Wort und Bild Freuds wissenschaftlichen Hintergrund nahe, seine Zeit, seine Arbeit als Therapeut, seine Ängste und Zweifel, die Theorie des Unbewußten, Ödipuskomplex und Sexualität, die Traumdeutung, seine Familie, Freunde, Feinde, Patienten . . . und vieles mehr.

Richard Appignanesi (A) schrieb die Texte. Er ist in Kanada geboren, studierte Kunstgeschichte und arbeitet heute in London als Schriftsteller und Verleger.
Oscar Zarate (Z) lieferte die Bilder. Der gebürtige Lateinamerikaner lebt in London. Er arbeitete in der Werbung, entwarf und illustrierte Kinderbücher, Plakate und Buchumschläge.

FREUD
für Anfänger

von A & Z

Übersetzung aus dem Englischen
Klaus Staudt

rororo

Rowohlt

Deutsche Erstausgabe
Die englische Originalausgabe erschien unter dem Titel
»Freud for Beginners«
bei Writers and Readers Publishing Cooperative, London
Redaktion Ludwig Moos
Lettering und Textmontage Heidi Meyer
Umschlagentwurf Heinz Waldvogel

Veröffentlicht im Rowohlt Taschenbuch Verlag GmbH,
Reinbek bei Hamburg, Februar 1980
»Freud for Beginners«

Satz Cleeves, Hamburg
Gesamtherstellung Clausen & Bosse, Leck
Printed in Germany
580-ISBN 3 499 17535 5

»Ich bin nämlich gar kein Mann der Wissenschaft, kein Beobachter, kein Experimentator, kein Denker. Ich bin nichts als ein Conquistadorentemperament, ein Abenteurer . . . mit der Neugierde, der Kühnheit und der Zähigkeit eines solchen.«

6. MAI 1856: Sigmund Freud wird in Freiberg/Mähren geboren, das damals zur Donaumonarchie Österreich-Ungarn gehörte. Freuds Vorfahren waren Juden.

SEIN VATER **JAKOB FREUD** (1815-1896)
WAR EIN ZIEMLICH ERFOLGREICHER WOLL-
KAUFMANN. ALS JAKOB 40 JAHRE ALT WAR,
BEREITS ZWEI ERWACHSENE SÖHNE UND
ENKELKINDER HATTE, HEIRATETE ER
AMALIE NATHANSON (1835-1930). SIGI WAR
DAS ERSTE VON AMALIES ACHT KINDERN-
UND DER LIEBLINGSSOHN.

FREUD MEINTE SPÄTER, DASS EIN MANN, DER UNEINGESCHRÄNKTER LIEBLING SEINER MUTTER WAR, SEIN LEBEN LANG DAS GEFÜHL BEHÄLT, EIN EROBERER ZU SEIN, JENES VERTRAUEN AUF ERFOLG, DAS OFT DEN TÄTSÄCHLICHEN ERFOLG BEWIRKT.
MEIN SÜSSER SIGI WIRD BESTIMMT EIN GROSSER MANN!
FREUD

1860: Die Familie Freud zieht nach Wien, in die alte Hauptstadt des Habsburger Reiches. Die Idole des jungen Freud enthüllen seine tiefe Abneigung gegen das kaiserliche Wien: Es waren der Antimonarchist **Oliver Cromwell** und der karthagische Heerführer **Hannibal.**

JAKOB FREUD ERZÄHLT DEM 12JÄHRIGEN SIGI EINE GESCHICHTE ...
... EIN GOY STIESS MEINEN HUT IN DIE GOSSE UND SAGTE: "RUNTER VOM BÜRGERSTEIG, SAUJUD!"...
UND WAS HAST DU GEMACHT?
NUN, ICH HABE MEINEN HUT AUFGEHOBEN...
SIGI WAR ÜBER DAS FEHLENDE RÜCKGRAT SEINES VATERS SCHOCKIERT.

In den neunziger Jahren war Wien berühmt für seine blaue Donau, seinen Esprit, seine Sinnlichkeit, seine Walzer und seine Cafés . . . aber es hatte auch seine Schattenseiten!

ELEND
Die Doppelmonarchie steckte in einer tiefen wirtschaftlichen Krise.

RASSISMUS

Der Bürgermeister von Wien, **Karl Lueger,** machte den Antisemitismus auch politisch salonfähig.

PROSTITUTION, SEUCHEN, HEUCHELEI

DAS PRINZIP HOFFNUNG
Verbesserung der sozialen Lage war das Ziel der Sozialdemokratie — eine Art parlamentarischer Donaumarxismus.

1873: Freud beginnt sein Medizinstudium an der Wiener Universität und schließt es 1883 ab — drei Jahre später als normal. Sein spezielles Interesse gilt der Histologie und Neurophysiologie: der Lehre von organischen Geweben und dem Nervensystem. Er will **Wissenschaftler** werden und nicht Arzt.

Die Vertreter des Materialismus forderten, das »Leben« mit Hilfe der experimentellen Methoden der Chemie und Physik zu untersuchen und zu begreifen.

1876—1881: Freud leistet wichtige Pionierarbeit über Nervenzellen.

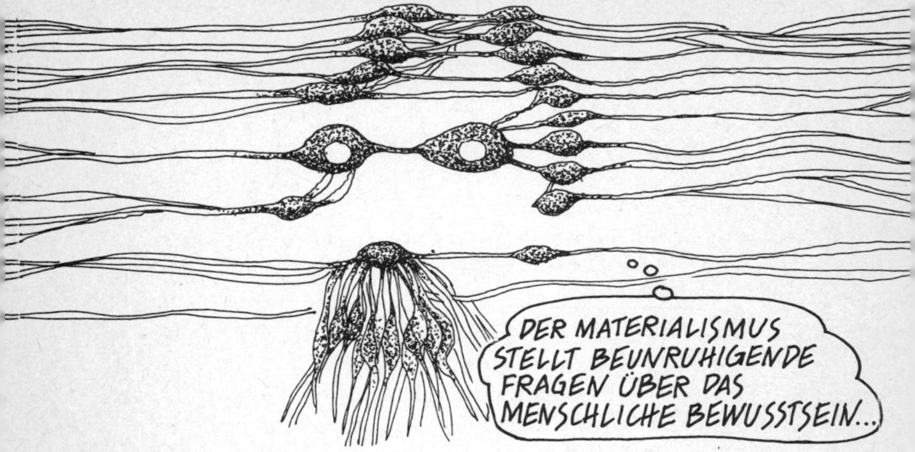

Das Nervensystem von höher und niedriger entwickelten Lebewesen ist aus dem gleichen Grundstoff gemacht. Bedeutet das, daß der menschliche Geist und das Gehirn eines Frosches sich nur durch ihren Grad an Komplexität unterscheiden? Die Materialisten bejahen diese Frage!

1882: Freud ist mit seiner wissenschaftlichen Arbeit an Brückes Institut zufrieden. Aber Brücke gibt ihm einen väterlichen Rat

Noch etwas anderes zwingt zu Entscheidungen — Heiratspläne. Freud hatte **Martha Bernays** (1861—1951) kennengelernt und sich in sie verliebt.

1882—1885: Um eine private Praxis eröffnen zu können, muß Freud längere Zeit als Assistenzarzt am Wiener Allgemeinen Krankenhaus praktizieren.
Zunächst arbeitet er bei dem Internisten **Hermann Nothnagel** (1841—1905).

1883: Freud arbeitet fünf Monate in der Psychiatrischen Klinik bei **Theodor Meynert** (1833—1892), dem bedeutendsten Gehirnanatomen und Neuropathologen dieser Zeit.

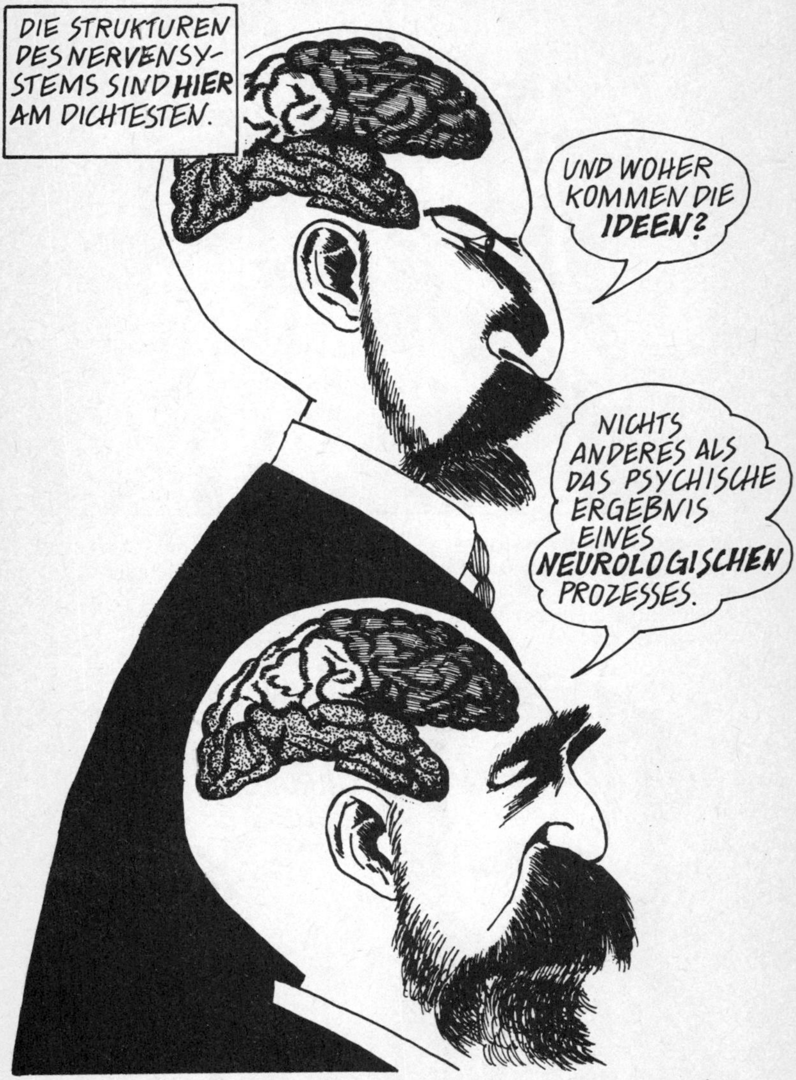

Meynert veranlaßte Freud, sich in Neuropathologie (der Lehre von den Krankheiten des Nervensystems) zu spezialisieren.

1884—1887: Freud untersucht die Wirkungen von Kokain — und beginnt damit bei sich selbst. Er verschreibt es sogar Martha!
KOKAIN IST EIN ANTI-DEPRESSIVUM - EIN HARMLOSES BETÄUBUNGS-MITTEL.

Der Physiologe **Ernst von Fleischl-Marxow** (1846—1891), ein enger Freund Freuds, leidet an einer schmerzhaften Geschwulst an der Hand.
ICH BIN MORPHIUM-SÜCHTIG GEWORDEN...
WARUM PROBIERST DU NICHT MAL KOKAIN?

1885 assistiert Freud seinen Kollegen Carl Koller und Leopold Königstein bei einer erfolgreichen Augenoperation an Jakob Freud. Dabei wird Kokain als örtliches Betäubungsmittel verwendet.

Carl Koller erhob den Anspruch, die Anwendungsmöglichkeiten des Kokains entdeckt zu haben.

Warum? Weil um 1886 die ersten Fälle von Kokainsucht bekannt-wurden.

1885—1886: 19 WOCHEN BEI CHARCOT

Freud erhält ein kleines Stipendium, um in Paris bei **Jean-Martin Charcot** (1825—1893) zu studieren, dem weltberühmten Neurologen und Direktor der Irrenanstalt Salpêtrière.

Aber was genau ist **Hysterie?**

1. Das griechische Wort **Hystera** bedeutet Schoß oder Uterus.
2. Man glaubte, nur **Frauen** zeigten hysterische Symptome: Lähmungen, Krämpfe, Schlafwandeln, Halluzinationen, Verlust der Sprachfähigkeit, von Sinnesempfindungen und Gedächtnis.
3. Hysterikerinnen wurden früher als **Hexen** verfolgt.

Die Spezialisten betrachteten Hysterie unter zwei radikal verschiedenen Gesichtspunkten:

1. Entweder ist Hysterie eine »Reizung« der weiblichen Geschlechtsorgane, die mit Druck auf die Eierstöcke, Eispackungen und chirurgischen Angriffen auf die Klitoris behandelt werden kann,
2. oder Hysterie ist Einbildung.

Charcot weist die traditionelle Diagnose zurück

Hysterie verblüffte die Ärzte, weil die Symptome offensichtlich keine **organische** Grundlage hatten. Zum Beispiel . . .

Aber eine richtige Lähmung, die beispielsweise von einem Schlaganfall herrührt, ist nicht so **präzise.** Sie wird ein wenig auf das Gesicht oder ein Bein »abfärben«.

Charcot demonstrierte eine überraschende Ähnlichkeit zwischen Hysterie und **Hypnose.** Man konnte mit Hilfe der Hypnose hysterische Symptome wie Lähmungen herbeiführen.

Hysterie kann sich nur entwickeln, wenn eine **erbliche Degeneration** des Gehirns vorliegt.

Charcot war ein guter Materialist: Erklärungen mußten auf physischer Ebene gegeben werden.

Charcot hinderte Freud daran, **psychologische** Fragen zu stellen. Charcots Ansicht, daß Hysterie nichts mit den weiblichen Geschlechtsorganen zu tun habe, war zwar ein **Fortschritt.** Sie lenkte Freud aber davon ab, den möglichen **sexuellen Hintergrund** einiger psychischer Störungen ins Kalkül zu ziehen.

April 1886: Freud eröffnet eine private Praxis als Neuropathologe und begegnet seinen ersten Hysterikern.

15. Oktober 1886: Freud stellt seine Arbeit über männliche Hysterie der Ärztegesellschaft von Wien vor.

Freud war immer noch ein überzeugter Materialist. Seine erste wissenschaftliche Veröffentlichung beschäftigte sich mit **Aphasie,** einer Gehirnschädigung, die das Sprachvermögen beeinflußt, seine zweite mit **infantiler zerebraler Paralyse** (1891/1893).

In Nancy in Frankreich wurde eine neue Hypnosetheorie entwickelt, die den Ansichten Charcots widersprach.

In Wien hatte noch jemand mit Hypnose experimentiert: Freuds alter Freund, der angesehene Arzt **Josef Breuer** (1842—1925). Schon 1882 hatte Breuer Freud von einem interessanten Fall von Hysterie erzählt.

DER FALL ANNA O.

Eine intelligente, 21jährige Frau. Auf Grund ihrer strengen Erziehung war sie sexuell noch sehr unreif. Im Juli des Jahres 1880 wurde Annas Vater schwer krank . . .

SIE WURDE VON HALLUZINATIONEN GEQUÄLT.
MEINE "BÖSEN ZUSTÄNDE"...
ZU BEGINN DER BEHANDLUNG SCHIEN ES IHR BESSER ZU GEHEN, BIS IM APRIL 1881 IHR VATER STARB. IHRE HALLUZINATIONEN...
...WURDEN IMMER WILDER.
ABER ABENDS FIEL SIE IN EINE RUHIGE TRANCE UND MURMELTE WÖRTER VOR SICH HIN.
uhr mit der [redacted]g,
onderen [redacted]formen
[redacted]. Allgemeine Vs
ptome, wie z. B. [redacted]
hst[redacted]- und Entwic
ungen, Re[redacted]vales
O[redacted]dn[redacted] h
dte Fr[redacted]u-[redacted]iem.
em neu[redacted] Pano
nda-[redacted] sam[redacted]
r b[redacted]hten [redacted]w
da-Verlag helf

ICH VERSUCHTE, IHRE WORTE ZU WIEDERHOLEN. AUF DIESE WEISE KONNTE ICH SIE DAZU BRINGEN, MIR ÜBER IHRE HALLUZINATIONEN ZU ERZÄHLEN.
UND DANACH KAM SIE AUS IHRER TRANCE HERAUS UND FÜHLTE SICH BESSER.
ABER WENN ES IHR NICHT GELANG, IHRE HALLUZINATIONEN ZU BESCHREIBEN, VERBRACHTE SIE DEN REST DER NACHT IN GRÖSSTER ANGST.
ANNA NANNTE DIESE ÜBUNGEN...
MEINE SPRECHKUR. SCHORNSTEINFEGEN.
HAT DIESE "SPRECHKUR" GEHOLFEN?
JA. ABER SIE ENTWICKELTE IMMER NEUE SYMPTOME.

EINES DIESER SYMPTOME WAR **HYDROPHOBIE**. SECHS WOCHEN LANG KONNTE ANNA KEINEN TROPFEN FLÜSSIGKEIT TRINKEN.
ES WIDERT MICH SCHON AN, NUR DAS GLAS ANZUHEBEN.
ABER WÄHREND EINER IHRER TRANCEZUSTÄNDE...
EINES TAGES SAH ICH IM GEMACH EINER ENGLÄNDERIN IHREN HUND VON EINEM GLAS WASSER TRINKEN. WIE ABSCHEULICH! AUS HÖFLICHKEIT KONNTE ICH NICHTS SAGEN.
ABER JETZT?
JETZT **KANN** ICH ES SAGEN! WAS FÜR EINE **WIDERLICHE** FRAU, WAS FÜR EIN **EKLIGER** HUND!

1. Jedes Symptom verschwand, wenn es auf den Zeitpunkt seines ersten Auftretens zurückverfolgt wurde.
2. Symptome wurden durch Wiedererinnern vergessener, unerfreulicher Situationen beseitigt.
3. Ein Symptom erreichte in dem Moment seine größte Stärke, wenn es »weggeredet« wurde.

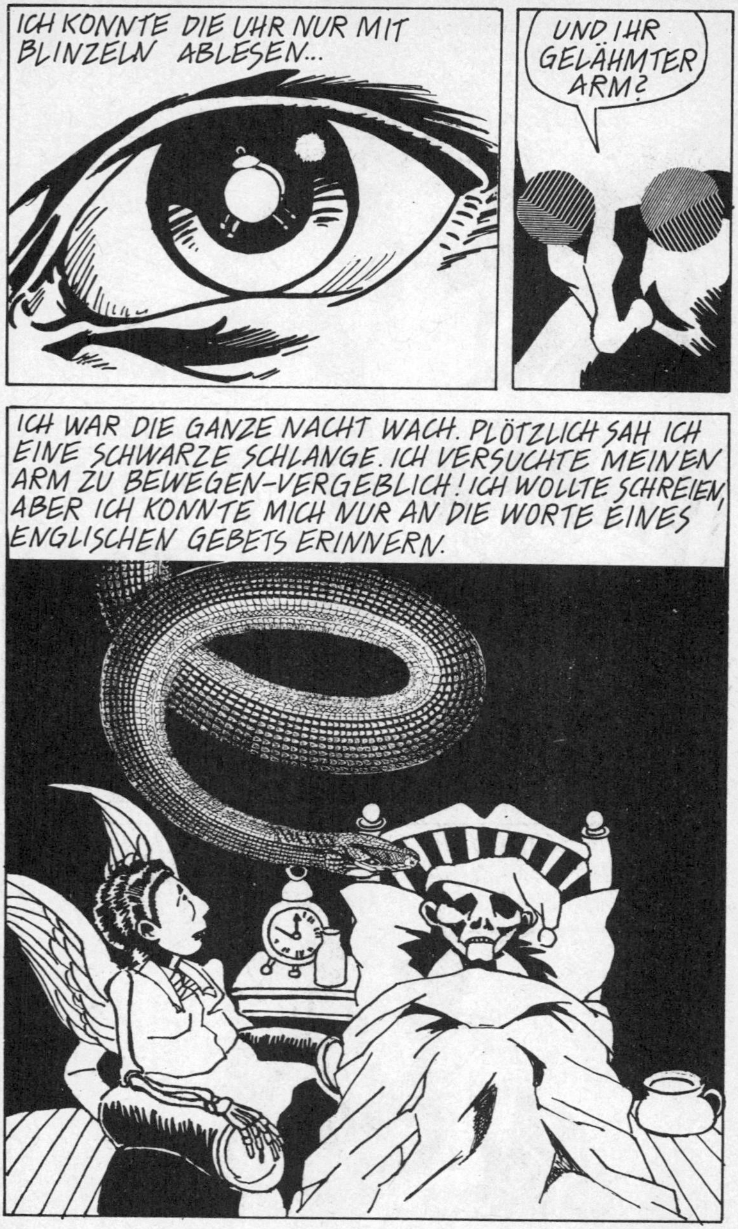
ICH KONNTE DIE UHR NUR MIT BLINZELN ABLESEN...
UND IHR GELÄHMTER ARM?
ICH WAR DIE GANZE NACHT WACH. PLÖTZLICH SAH ICH EINE SCHWARZE SCHLANGE. ICH VERSUCHTE MEINEN ARM ZU BEWEGEN-VERGEBLICH! ICH WOLLTE SCHREIEN, ABER ICH KONNTE MICH NUR AN DIE WORTE EINES ENGLISCHEN GEBETS ERINNERN.

DIESE TECHNIK – BREUERS **KARTHARTISCHE METHODE** – BEFÄHIGTE IHN DAZU, ANNAS SYMPTOME WÄHREND DER FOLGENDEN MONATE ZU BESEITIGEN.
ICH GLAUBE, WIR KÖNNEN DIE BEHANDLUNG BALD BEENDEN...
O NEIN, NOCH NICHT!
SIE IST VÖLLIG ABHÄNGIG GEWORDEN...

EINES NACHTS WURDE BREUER AN ANNAS BETT GERUFEN...
O GOTT, SIE HALLUZINIERT SCHON WIEDER!
ICH BIN SCHWANGER! **IHR** KIND!

ICH WAR SCHOCKIERT! UND AM NÄCHSTEN TAG... VERLIESS ICH WIEN ZUSAMMEN MIT MEINER FRAU, UM IN DIE ZWEITEN FLITTERWOCHEN ZU GEHEN...

Annas wirklicher Name war **Bertha Pappenheim** (1859—1936). Sie erholte sich und wurde eine bedeutende Sozialarbeiterin und Feministin . . .

Freud überzeugte den sehr zurückhaltenden Breuer davon, gemeinsam mit ihm ein Buch zu veröffentlichen: **Studien über Hysterie** (1895).

Einige Schlüsselgedanken und Begriffe

Freud und Breuer zogen den Schluß, daß Hysteriker hauptsächlich an Erinnerungen leiden.

1. Hysteriker leiden an schmerzhaften, unerfreulichen Erinnerungen **traumatischer** Natur (**Trauma** ist das griechische Wort für »Wunde«).
2. Traumatische Erinnerungen sind **pathogen,** das heißt krankheitserregend. Dies war eine revolutionäre antimaterialistische Ansicht, die beinhaltete, daß psychische Vorgänge direkt die physischen Prozesse des Körpers beeinflussen.
3. Traumatische Erinnerungen verschwinden nicht wie andere Erinnerungen, sondern bleiben als eine aktive, **unbewußte** Kraft zurück, die das Verhalten bestimmt.
4. Um schmerzhafte, emotional geladene Erinnerungen aus dem Bewußtsein auszuschließen, bedarf es eines aktiven **Verdrängungsmechanismus,** der auf der unbewußten Ebene der Psyche arbeitet.
5. Da negative, unbewußte Erinnerungen nicht normal verarbeitet werden können, wird ihre emotionale Energie, ihr **Affekt,** zurückgedrängt — stranguliert.
6. Der strangulierte Affekt wird in die physischen Symptome der Hysterie verwandelt.
7. Symptome, die unbewußt produziert worden sind, verschwinden in dem Moment, in dem ein **Abreagieren** erfolgt. Unter Abreagieren versteht man den Prozeß der Freisetzung der bei einem schon vergessenen Vorgang entstandenen verdrängten Emotionen. Die Therapie geht dieses Problem an, indem sie den Patienten dazu bringt, die ursprüngliche traumatische Erfahrung, die das Symptom verursachte, noch einmal zu erleben.
8. Die Schwierigkeit bei der Therapie besteht darin, daß jedes Symptom **überdeterminiert** ist. Es wird von verschiedenen psychischen Vorgängen verursacht und ist charakteristisch für diese verschiedenen Vorgänge.

1896: Breuers kathartische Methode scheint zu funktionieren. Aber Freud ist nicht zufrieden. Wenn Hysterie eine Abwehr gegen unerfreuliche Vorstellungen ist und wenn die Symptome Symbole dafür sind, was im Unterbewußtsein zurückbleibt …
WIRD DENN **JEDE** UNERFREULICHE VORSTELLUNG VERDRÄNGT?
WURDE ANNAS HYDROPHOBIE NICHT DADURCH VERURSACHT, DASS SIE DIESEN HUND BEOBACHTETE?
WARUM SOLLTE **DAS** TRAUMATISCH SEIN?
WAS WOLLEN SIE DAMIT SAGEN?
WIR SIND NOCH NICHT WEIT GENUG GEGANGEN!
WAS FÜHRT SIE ZU DIESER ANSICHT?
DER **WIDERSTAND**, DEN MEINE PATIENTEN LEISTEN.

Freuds frühe Sexualitätstheorie verunsicherte Breuer und führte zu einer Trennung der beiden.

1892—1896: DIE DRUCKTECHNIK
Zum erstenmal benutzt Freud eine Couch. Er legt seine Hand auf die Stirn des Patienten und stellt Fragen.

...MIR FÄLLT EIN WORT EIN...
WAS FÜR EIN WORT?
ES KLINGT SO DUMM
SAGEN SIE ES TROTZDEM
CONCIERGE
SONST NICHTS?
INDEM ER WEITER AUF DIE STIRN DRÜCKTE, BRACHTE FREUD EINE REIHE VON WÖRTERN HERAUS.
CONCIERGE
NACHTHEMD
BETT
STADT
PFERDE-WAGEN
ERINNERUNGEN STIEGEN AUF...
ICH WAR ZEHN JAHRE ALT. EINES NACHTS DREHTE MEINE 12 JÄHRIGE SCHWESTER VÖLLIG DURCH. DIE CONCIERGE BAND SIE AUF IHREM BETT FEST. SIE WURDE MIT DEM PFERDE-WAGEN IN DIE STADT GEBRACHT..

DIE VERFÜHRUNGSTHEORIE
Wiederholte Erfahrungen dieser Art brachten Freud dazu, eine Verführungstheorie aufzustellen.

1. Verdrängte Erinnerungen enthüllen fast immer eine Verführung oder sexuellen Mißbrauch durch einen Erwachsenen.
2. Dieses traumatische Ereignis wirkt verzögert. Die verdrängte Erinnerung wird zu einer pathogenen Vorstellung, die nach der Pubertät hysterische Symptome verursachen kann.

1896: FREUD PRÄGT DEN BEGRIFF PSYCHOANALYSE

AUCH DIE DRUCKTECHNIK WIRD AUFGEGEBEN.

DIE TECHNIK DER FREIEN ASSOZIATION
Patienten müssen sich frei, ohne Zensur oder Drängen ausdrücken können . . .

EIN WICHTIGER FORTSCHRITT FÜR DIE MENSCHLICHKEIT

1. Chárcot machte den ersten Schritt zu einer »menschlicheren« Behandlung von Neurosen.
2. Hypnose und auch die Drucktechnik waren immer noch willkürliche und autoritäre Methoden.
3. Das Erinnern traumatischer Ereignisse mit Hilfe der Assoziationstechnik war völlig neu und revolutionär.
   Der Schlüssel zu den neurotischen Symptomen ist im Unterbewußtsein der Patienten verborgen. Der Patient weiß nicht, was er verdrängt hat. Und dennoch kann **nur** der Patient den Therapeuten zur Entdeckung dieses Schlüssels führen.
4. Allerdings wird der Patient in dem Moment, in dem das unerfreuliche Material zum Vorschein kommt, Widerstand leisten und weniger in der Lage sein, mit dem Therapeuten zusammenzuarbeiten. Dann wird die klinische Erfahrung des Arztes wirksam und wichtig.
5. Die Geduld, die man aufbringen muß, um dem blinden Umhertasten des Neurotikers zu folgen, läßt sich rechtfertigen, denn der Widerstand ist nichts anderes als ein Versuch, das Aufkommen des verdrängten Materials zu verschieben. Alle Wege, so verschlungen sie auch sein mögen, müssen damit verbunden werden.

Der einzige Mensch, mit dem sich Freud über seine Theorien unterhalten konnte, war der Berliner Hals-Nasen-Ohren-Arzt **Wilhelm Fließ** (1858—1925). Sie trafen sich recht häufig und unterhielten zwischen 1893 und 1902 einen regen Briefwechsel.

ABER FLIESS HATTE EINIGE SELTSAME THEORIEN!
KRANKHEITEN – UND INSBESONDERE SEXUELLE STÖRUNGEN – WERDEN DURCH VERÄNDERUNGEN DER NASENSCHLEIMHÄUTE BEWIRKT
FLIESS OPERIERTE FREUD ZWEIMAL WEGEN ENTZÜNDUNGEN AN DER NASE.
NICHTS SEXUELLES – NATÜRLICH!
!
MAN MUSS SICH NUR EINMAL VORSTELLEN, WAS ER MIT CYRANO DE BERGERAC MACHEN WÜRDE!

FLIESS STELLTE FREUD EINE WEITERE DIAGNOSE... BREUER STIMMTE NICHT ZU.
HERZSCHADEN AUF GRUND EINER NIKOTINVERGIFTUNG!
ICH KANN NICHTS ERNSTHAFTES FINDEN.
ICH MUSS RAUCHEN, DAMIT ICH **NACHDENKEN** KANN!
ICH LEIDE IMMER WIEDER AN DIESER FÜRCHTERLICHEN MIGRÄNE...
UND MEINE EINFÄLLE KOMMEN NUR LANGSAM UND NACH **VIEL QUAL** UND ZWEIFEL!
ABER DAS SCHLIMMSTE IST MEINE **TODESANGST.**

NACH AUSSEN HATTE FREUD SICH VOLL UNTER KONTROLLE. SEIN EINZIGER EHRGEIZ SCHIEN DIE **WISSENSCHAFT.**

ABER ER HATTE IMMER ZEIT FÜR SEINE KINDER.

MIT 40 JAHREN HATTE FREUD SEINE SECHS KINDER, SEINE FRAU, ELTERN UND GESCHWISTER ZU VERSORGEN...

ER FAND NUR WENIG ENTSPANNUNG: EIN SAMSTAG-ABEND BEIM KARTENSPIEL, SPARZIERGÄNGE AUF DEM LANDE, PILZE SUCHEN UND ANTIQUITÄTEN SAMMELN.

23. Oktober 1896: Freuds Vater stirbt.
Während dieser Zeit der Krise und Selbstanalyse beginnt Freud sein Buch **Die Traumdeutung.**

Einer von Freuds eigenen Träumen aus seiner **Traumdeutung** (1900):

»Ich bin vor dem Bahnhof, aber zu zweit mit einem älteren Herrn, erfinde einen Plan, um unerkannt zu bleiben, sehe diesen Plan aber auch schon ausgeführt. Denken und Erleben ist gleichsam eins. Er stellt sich blind, wenigstens auf einem Auge, und ich halte ihm ein männliches Uringlas vor. Ich bin also ein Krankenpfleger. Dabei ist die Stellung des Betreffenden und sein urinierendes Glied plastisch gesehen.« In diesem Moment wachte Freud mit Harndrang auf.

Wie interpretiert Freud seinen Traum?
Ich erinnere mich an eine peinliche Szene im Schlafzimmer meiner Eltern, als ich sieben oder acht Jahre alt war . . .

Welch eine furchtbare Kränkung für meinen **Ehrgeiz!**
Tatsächlich sind Bettnässen und Ehrgeiz bei einigen Neurosen miteinander verknüpft. Diese Kränkung meines Ehrgeizes in der Kindheit gab den Anstoß für das Traummaterial in meinem Erwachsenenleben. Der blinde alte Mann ist mein Vater. Die Blindheit bezieht sich auf seine Augenoperation, meine Entdeckung des Kokains und seine Behandlung. Das ist der eine Wunsch, der erfüllt wird. Der andere ist der feindselige Wunsch, meinen Vater in eine hilflose Lage zu bringen, wie ich es in meiner Kindheit war, um ihn zu **beschämen.** Die Verkleidung bezieht sich auf meine Entdeckungen über Hysterie, auf die ich sehr stolz war.

Eine andere Kindheitserinnerung: Auf einer Zugfahrt von Leipzig im Jahre 1860 sah ich meine Mutter nackt.

Einige Jahre später hatte ich einen Angsttraum . . .
Er zeigte mir die geliebte Mutter mit eigentümlich ruhigem, schlafendem Gesichtsausdruck, wie sie von zwei (oder drei) Personen mit Vogelschnäbeln ins Zimmer getragen und aufs Bett gelegt wird. Ich erwachte weinend und schreiend und störte den Schlaf der Eltern.

FREUDS INTERPRETATION
Die eigenartigen vogelköpfigen Götter hatte ich einer Grababbildung in der Phillipsonschen Bibel entnommen. Und ein Knabe namens Phillip hatte mir den vulgären Ausdruck für die Ausübung des Geschlechtsverkehrs gesagt, der auch mit Vögeln zu tun hat. Der eigentümliche Gesichtsausdruck der Mutter war von meinem Großvater kopiert, als der im Sterben lag. Meine Angst vor ihrem Tod verkleidet einen Wunsch, der gegen meinen Vater gerichtet ist. Dieser Traum enthält eine typische Kindheitsphantasie: einen **Todeswunsch** gegen den Vater und einen **sexuellen** Wunsch an die Mutter.

Erscheint euch diese Vorstellung abschreckend? Denkt an die Mythen und Legenden der klassischen Kulturen.

Saturn verschlang seine eigenen Kinder aus Furcht, sie würden ihn als König der Götter entthronen. Zeus entmannte seinen Vater Saturn und nahm seinen Platz ein.

Und warum gibt es wohl ein fünftes Gebot?

EIN ZWANGSNEUROTIKER

SIE WOLLEN NICHT IRGEND JEMAND TÖTEN... SONDERN JEMAND GANZ BESTIMMTEN!
JEMAND BESTIMMTEN?
WAS SIE EIN ALIBI NENNEN, IST IN WIRKLICHKEIT EINE ABWEHR.
EINE ABWEHR GEGEN WAS?
GEGEN EINEN MORD, VON DEM SIE MEINEN, SIE HÄTTEN IHN BEREITS BEGANGEN- ODER BEGEHEN WOLLEN!
ALS ICH SIEBEN JAHRE ALT WAR, WÜNSCHTE ICH MEINEM VATER DEN TOD! UND KÜRZLICH IST ER AN EINER SCHMERZHAFTEN KRANKHEIT GESTORBEN...

UND SEIN WUNSCH LÄSST SICH BIS IN DIE KINDHEIT ZURÜCK VERFOLGEN!

DIES ERINNERTE FREUD AN DIE ALTE GRIECHISCHE LEGENDE VON **ÖDIPUS.**

DIE GESCHICHTE VON ÖDIPUS

KÖNIG LAIOS VON THEBEN UND SEINE FRAU JOCASTE WERDEN VON EINEM SEHER GEWARNT...

ABER EIN ANDERER SEHER WIEDERHOLT DIE WARNUNG...
VATER... MORD... MUTTER... INZEST...
ICH WERDE BESSER MEIN ZUHAUSE VERLASSEN
SEUFZ!
ÖDIPUS TRIFFT AUF DER STRASSE EINEN FREMDEN -KÖNIG LAIOS- UND ER TÖTET IHN IM STREIT.
ÖDIPUS KOMMT IN THEBEN AN. DIE STADT WIRD VON EINEM UNGEHEUER BEDROHT, DER SPHINX, DIE JEDEN VERSCHLINGT, DER NICHT IHR RÄTSEL LÖSEN KANN.
Welches Lebewesen hat am Morgen vier Beine, am Mittag zwei und am Abend drei?
Der Mensch, der als Kleinkind auf allen vieren kriecht, als Erwachsener auf zwei Beinen läuft und sich im Alter auf einen Stock stützt.
DIE SPHINX WAR GESCHLAGEN UND STÜRZTE SICH INS MEER.

ÖDIPUS WIRD ZUM KÖNIG VON THEBEN AUSGERUFEN UND HEIRATET JOCASTE.
KÖNIG ÖDIPUS REGIERT IN FRIEDEN, BIS DIE PEST AUSBRICHT UND WIEDER EINMAL EIN SEHER ZU RATE GEZOGEN WIRD.
DIE HEIMSUCHUNG WIRD NUR DANN ENDEN, WENN DER MÖRDER DES LAIOS GEFUNDEN WIRD!
ABER WER IST DER SCHULDIGE?

ÖDIPUS BLENDET SICH SELBST, ALS ER SEIN "UNBEWUSSTES" VERBRECHEN ENTDECKT. JOCASTE BEGEHT SELBSTMORD.
DIE BLENDUNG IST EIN SYMBOL FÜR DAS ENTSETZEN, DAS DER AUFDECKUNG VERDRÄNGTER VORSTELLUNGEN ODER WÜNSCHE FOLGT.

WARUM IST DIESE GESCHICHTE VON ÖDIPUS SO FASZINIEREND?
WEIL ÖDIPUS EINEN WUNSCH AUSAGIERT, DEN JEDER IN SEINER FRÜHEN KINDHEIT HATTE.
DIESE INZESTPHANTASIE – SICH IN DIE MUTTER ZU VERLIEBEN, AUF SEINEN VATER EIFERSÜCHTIG ZU SEIN – NANNTE FREUD SPÄTER DEN **ÖDIPUSKOMPLEX.**

Freuds **Traumdeutung** enthält zwei revolutionäre Entdeckungen:

1. Den Schlüssel zur Bedeutung der Träume — nämlich, daß ganz allgemein »Träume die Wunscherfüllung repräsentieren«.
2. Die Funktionsweise der Träume gibt systematische Hinweise auf die Funktionsweise des Unbewußten.

Zunächst wollen wir betrachten, wie Träume funktionieren. Träume entstehen während des Schlafs — wenn der bewußte Teil der Persönlichkeit am entspanntesten und am wenigsten wachsam ist.

Das Auftreten von Träumen ist völlig normal.

Wunscherfüllungen in Träumen sind üblicherweise (aber nicht immer) sexueller Art.

Auch wenn Träume verdrängte Wünsche repräsentieren, bedeutet das nicht, daß man träumen kann, was man will!

Der Wunsch ist oft so gut versteckt, maskiert oder verzerrt, daß man oft nicht realisiert, daß ein sexueller Wunsch im Traum aufgetaucht ist.

NEHMEN WIR EIN EINFACHES **BEISPIEL**.

MEINE FAMILIE IST JÜDISCH UND SEHR ORTHODOX, EIN CHRIST WOLLTE MICH HEIRATEN.
WAS IST DENN AN EINER MISCH-EHE SO VER-KEHRT?
ABER WAS PASSIERT, WENN WIR KINDER BEKOMMEN? WERDEN WIR UNS DANN NICHT ÜBER DIE RELIGION STREITEN?
?
WAS PASSIERTE AN DEM TAG VOR IHREM TRAUM?
ICH HATTE EINEN SCHRECKLICHEN STREIT MIT MEINER MUTTER. UND BEVOR ICH AN DIESEM TAG ZU BETT GING, DACHTE ICH...
ICH MUSS VON ZU HAUSE WEGGEHEN!

ALS NÄCHSTES BENUTZTE FREUD DIE TECHNIK DES FREIEN ASSOZIIERENS...
WAS ASSOZIIEREN SIE MIT DEM WORT **KAMM**?
MMH, ETWAS, DAS ICH ALS KIND ZU HÖREN BEKAM... ICH KÄMMTE MIR GERADE DIE HAARE MIT EINEM FREMDEN KAMM UND...
LASS DAS! DU ZÜCHTEST MISCHLINGE!
DIE VERBORGENE BEDEUTUNG DES TRAUMS WIRD PLÖTZLICH KLAR. DER FREMDE IN IHREM TRAUM UND DER KAMM...
...ZEIGEN IHREN WUNSCH, 'DIE RASSEN ZU MISCHEN'!
JA! ICH WEIGERTE MICH, IHN ZU HEIRATEN, ABER ICH **WOLLTE** KINDER VON IHM!

An diesem kleinen Beispiel können wir sehen, daß
1. Träume teilweise oder zensiert einen Wunsch ausdrücken und
2. der latente Trauminhalt (der den unbewußten sexuellen Wunsch enthält) nur dann erscheinen kann, wenn er als manifester Trauminhalt verkleidet ist.

Der manifeste Trauminhalt stellt sich als codierte Botschaft dar. Er erscheint wie ein falsch zusammengesetztes Puzzle.

Die latenten Inhalte schaffen ihren Durchbruch in den manifesten Gehalt mit Hilfe von **Symbolen** — es erscheinen alle möglichen Objekte, die normalerweise keinerlei sexuelle Bedeutung haben.

Diese verkleideten Abbildungen der latenten Vorstellungen sind allgemein als Freudsche Symbole bekanntgeworden.

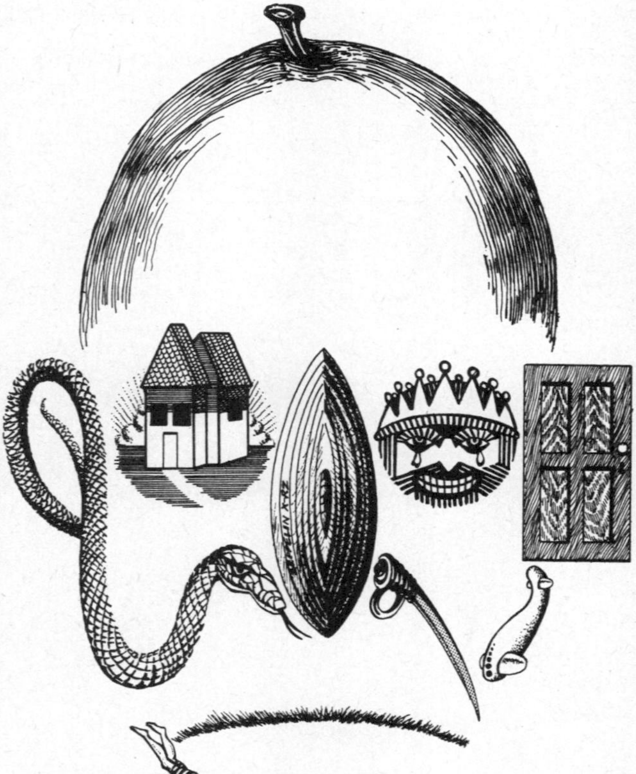

Objekte, die eine Penetration suggerieren, wie Schwerter, Gewehre, Schirme, Schlangen usw., können einen Penis symbolisieren.
Objekte, die Öffnungen repräsentieren, wie Kästen, Taschen, Höhlen usw., können eine Vagina symbolisieren.
Aber Freud warnte, daß eine Interpretation der Träume niemals so einfach sei.

Freud sagte, daß der Traum wie ein Miniaturmodell einer Neurose funktioniere. Aber wenn Träumen normal ist, wieso kann es dann Hinweise auf neurotisches Verhalten liefern? Laßt uns einige Schritte nachvollziehen, die Freud erstmals den Gedanken an unbewußte Vorstellungen nahelegten. Wir haben gesehen, wie der manifeste Trauminhalt einen latenten sexuellen Wunsch mit Hilfe von Symbolen indirekt ausdrückt. Diesen »Ersatz« eines Wunsches durch ein manifestes Objekt nannte Freud **Verschiebung.**

Auch in der Neurose findet eine Verschiebung statt. Die emotionale Energie wird von der pathogenen (krankheitsverursachenden) Vorstellung auf die Symptome verschoben. Und das passiert unbewußt.

Das führt uns zu der zweiten Entdeckung Freuds, die unsere Vorstellung vom menschlichen Bewußtsein revolutionierte.

DAS UNBEWUSSTE

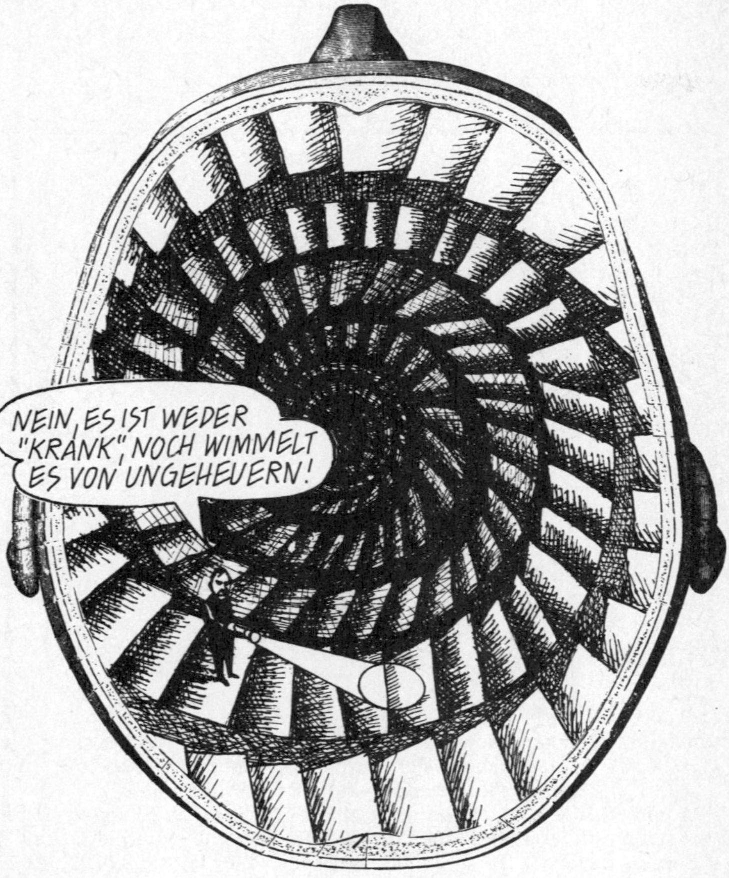

Freud war nicht nur an der »kranken« Psyche interessiert, wie so oft angenommen wird. Er entwickelte eine allgemeine Theorie des Bewußtseins.
Neurosen sind nicht einfach krankhafte Abarten — sie zeigen uns eher, daß unsere Psyche auch auf andere Art funktionieren kann.
Gerade die Neurosen erlauben uns, einen kurzen Blick in die verborgenen Tiefen der Psyche zu werfen, die uns »normalerweise« verschlossen sind.

Freud teilt die Psyche in zwei Bereiche ein:

1. Das **Vorbewußte,** das all die Vorstellungen und Erinnerungen enthält, die bewußt werden können, und
2. das **Unbewußte,** das all die Bedürfnisse, Triebe und Wünsche meist sexueller und manchmal destruktiver Natur beherbergt.
   Diese unbewußten Wünsche erhalten ihre Energie von den grundlegenden physischen Instinkten. Freud gab diesem primären Trieb nach Wunscherfüllung einen anderen Namen . . .

DAS LUSTPRINZIP

Das Lustprinzip kann den bewußten Aktivitäten der Psyche leicht in die Quere kommen, die sich mit der Abwendung von Gefahr, der Anpassung an die Realität und zivilisiertem Benehmen befassen.
Das Vorbewußte arbeitet eher kontrolliert, »denkt« disziplinierter. Es berücksichtigt die Anforderungen der Realität und kann einen Triebaufschub tolerieren.

Das Vorbewußte wird von dem Sekundärprozeß dominiert, dem Freud auch einen anderen Namen gab:

DAS REALITÄTSPRINZIP

Freud sagte einmal, die zivilisierteste Form des Realitätsprinzips sei ... die **Wissenschaft.**

Was passiert, wenn die Psyche von dem primären Trieberfüllungsprozeß, dem Lustprinzip, überwältigt wird?
Betrachten wir ein nichtsexuelles Beispiel: Ein hungriger Mensch hat sich in einem Urwald verlaufen:

Wenn er von der Primärvorstellung »Hunger« übermannt wird, ist er nicht mehr in der Lage, über Möglichkeiten der Essensbeschaffung nachzudenken.

Aber wenn der Sekundärprozeß, das Realitätsprinzip, Oberhand gewinnt, kann er seinen Hunger lange genug »vergessen«, um darüber nachzudenken, wie er sich etwas zum Essen besorgen kann.

Das primärprozeßhafte »Denken« des Unbewußten ist impulsiv, unorganisiert und unlogisch.
Nach Freud ist daher alles menschliche Denken zum Teil Konflikt, zum Teil Kompromiß zwischen den vorbewußten und unbewußten Systemen.

In Freuds Buch
Zur Psychopathologie des Alltagslebens
(1901) werden noch andere typische Beispiele von »Vergessen« dargestellt. Der offizielle Ausdruck für diese berühmte »Freudsche Fehlleistung« ist **Parapraxis.** Er bezieht sich auf jene Versprecher, Verschreiber und Gedächtnisausfälle, die im **normalen** Leben stattfinden. Irrtümer stehen symbolisch für unbewußte Einstellungen und Wünsche.
Die Psyche kann sich nicht irren!

1905 veröffentlicht Freud seine **Drei Abhandlungen zur Sexualtheorie.**

Sex einfach zu genießen ist gar nicht so einfach.
Wie wird Sexualität allgemein betrachtet?

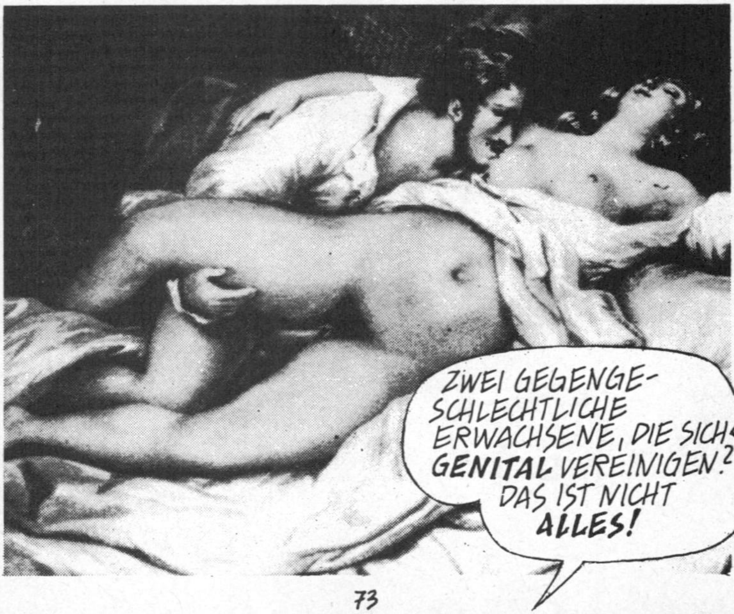

Was ist denn mit . . .

1. Personen, die nur von ihrem **eigenen** Geschlecht oder ihren **eigenen** Geschlechtsteilen angezogen werden?
2. Personen, die man als pervers bezeichnet, weil sie Sexualität nicht »normal« gebrauchen?

Freud wirft die konventionellen Ansichten über Sexualität und Perversion über Bord:

1. Die Ziele von Lust und Fortpflanzung stimmen nicht völlig miteinander überein.
2. »Sexuell« und »genital« sind zwei sehr verschiedene Begriffe.
3. Sexuelle Lust kann aus jedem Körperteil und jeder Körperzone gezogen werden.
4. Sexualität schließt Bedürfnisse mit ein, die nicht mit genitaler Aktivität verbunden sind.

Aber wenn solche Handlungen an sich nicht »pervers« sind, wie wird dann Perversion definiert?

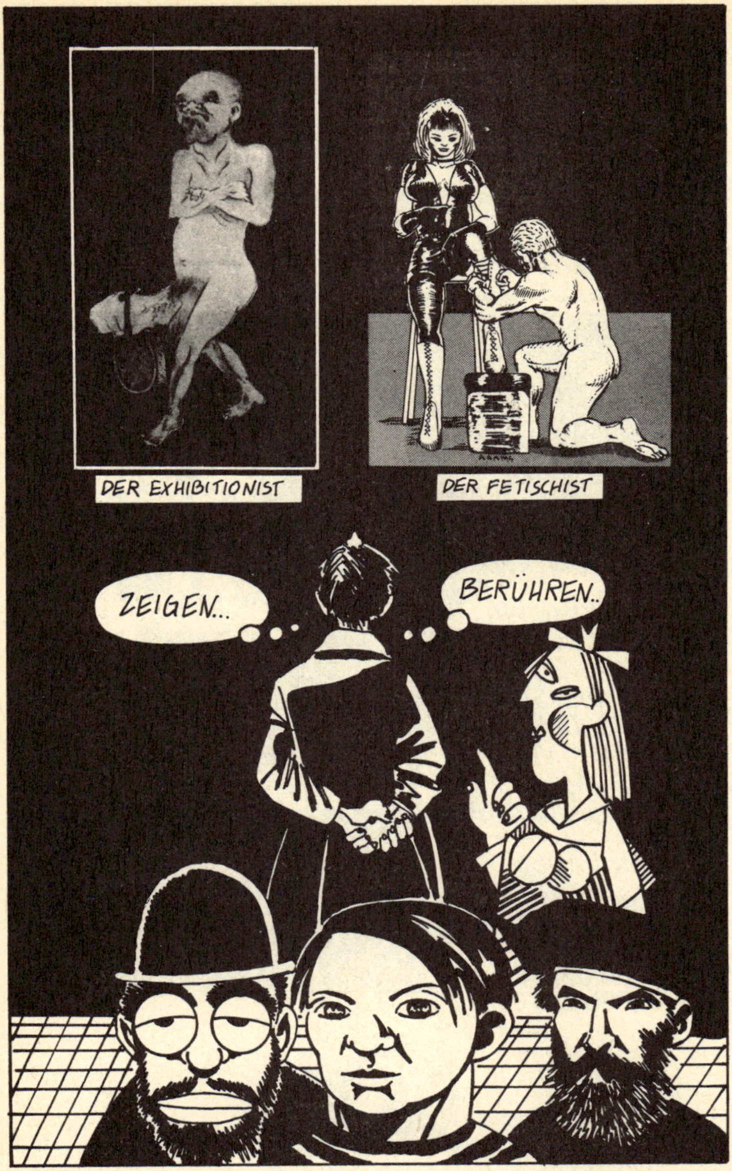

GEWÖHNLICHE LEUTE BEFRIEDIGEN SOLCHE BEDÜRFNISSE **ZUM TEIL** IN IHREM SEXUALLEBEN UND IHREN TRÄUMEN

ABER WAS IST NUN MIT DEN **NEUROTIKERN?**

Dieser neurotische Widerstand gegen »perverse« Bedürfnisse führte Freud zur Erkenntnis der Bedeutung der **kindlichen** Sexualität.

RÜCKKEHR ZUR KINDHEIT

Jeder wird mit einem allgemeinen Sexualtrieb oder einer instinkthaften Energie geboren, die man **Libido** nennt (lateinisch für »Lust«).
Der Sexualtrieb hat physische und psychische Bestandteile.
Diese Bestandteile sind:

1. eine innere, organische **Quelle** der Erregung,
2. eine bestimmte Stärke oder **Spannung** dieser Erregung,
3. ein **Ziel,** das darin besteht, ein Lustgefühl durch Reduzierung dieser Spannung zu erreichen,
4. ein **Objekt,** das in einer Sache oder einer Person besteht, mit der man das Ziel realisieren kann.

DIE ENTWICKLUNG DER SEXUALITÄT EINES INDIVIDUUMS BEGINNT MIT SEINER GEBURT

Und das bedeutet, daß ein Kind Lustgewinn aus der Stimulierung eines **jeden** Körperteils zieht.
Um ein spezifisches Ziel oder Objekt zu entwickeln, bedarf es der Erfahrung: Das ist ein komplexer Lernprozeß, bei dem leicht einiges »schiefgehen« kann.
Die spezifischen Organe der sexuellen Befriedigung werden auf Grund der **erogenen Zonen** bestimmt.

DIE VIER PHASEN DER PSYCHOSEXUELLEN ENTWICKLUNG

1. DIE ORALE PHASE

Diese primäre orale Phase kann man auch in einem weiteren, historischen Sinne begreifen. Sie erscheint immer wieder in den Phantasien von Erwachsenen, in der Mythologie und der Kulturgeschichte.
So erinnert uns zum Beispiel der Verlust eines oralen Liebesobjekts an einen berühmten mythischen Verlust.

DIE VERTREIBUNG AUS DEM PARADIES

Aber es gibt auch den alten kulturellen Wunsch, das **Paradies wiederzuerlangen.**
Dieses Gemälde von Breughel (1567) zeigt uns Utopia, das Paradies vollständiger oraler Lust auf Erden.

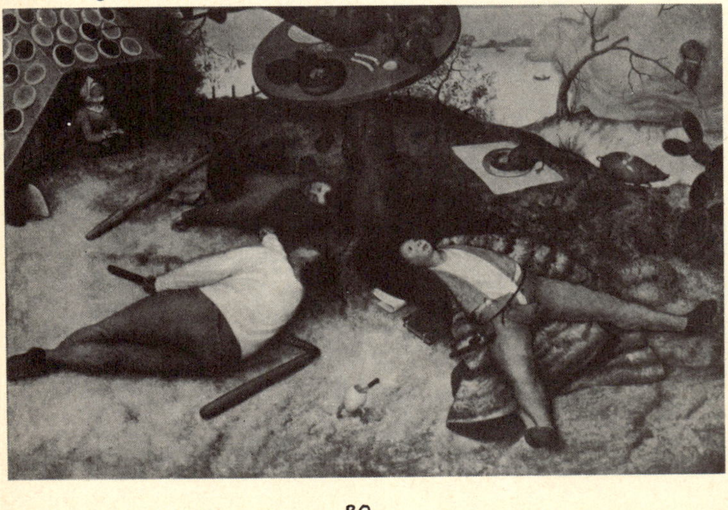

2. DIE ANALE PHASE

DIE AUSSCHEIDUNGSFUNKTION IST VERKNÜPFT MIT DEN SOZIALEN VORSTELLUNGEN VON ORDNUNG, SAUBERKEIT - UND **EKEL.**

Diese analen Vorstellungen von Begabung, Können, Scham und restriktiver Ordnung erinnern uns wiederum an einen anderen bedeutenden Mythos.

PROMETHEUS, DER GRÜNDER DER MENSCHLICHEN ZIVILISATION

Der Titan: Prometheus

1. machte die ersten Menschen aus Lehm (einer kotähnlichen Substanz),
2. gab den Menschen ihr erstes wichtiges Geschenk, das Feuer, und lehrte sie die ersten Fertigkeiten,
3. wurde von den Göttern bestraft, die ihn an einen Felsen schmiedeten und einen Adler schickten, der seine Leber fraß.

3. DIE PHALLISCHE PHASE

IM ALTER VON DREI ODER VIER JAHREN ENTDECKEN KINDER DAS INSTRUMENT, MIT DEM SIE KREATIV SEIN KÖNNEN. SELBSTBEFRIEDIGUNG, STIMULIERUNG DER GENITALEN ZONE ERSCHEINT NATÜRLICH, ABER...

Anmerkung:
Der Begriff »phallisch« ist kein exklusiv männlicher Begriff. Zu diesem Zeitpunkt der sexuellen Entwicklung bezieht er sich auf Kinder **beiderlei** Geschlechts.

Kinder beiderlei Geschlechts glauben, daß sie ihrer Mutter ein Kind machen oder selbst eines auf analem Weg produzieren können.

Neugier, Angst und Verwirrung über die Unterschiede in der Anatomie der Geschlechtsteile setzen ein.
Und mit fünf oder sechs Jahren durchläuft das Kind die Phase des **Ödipuskomplexes,** wie das folgende Beispiel zeigt.

DER FALL DES KLEINEN HANS (1909)

HANS INTERESSIERT SICH FÜR SEINEN PENIS – UND DEN SEINES VATERS.

SELBSTBEFRIEDIGUNG WURDE, WIE ÜBLICH, UNTERBUNDEN.

HANS FÜHRTE SEINE FORSCHUNGEN WEITER.
WARUM STARRST DU MICH SO AN?
UM ZU SEHEN, OB DU AUCH EINEN PIPIMACHER HAST.
WUSSTEST DU DAS DENN NICHT?
ICH DACHTE, WEIL DU SO GROSS BIST, IST DEINER SO GROSS WIE DER VON EINEM **PFERD!**
ER HAT SEINE ANGST VOR **IHNEN** AUF PFERDE VERSCHOBEN.
WARUM SOLLTE ER ANGST VOR **MIR** HABEN?

Und was ist mit den Mädchen? Verläuft ihre ödipale Phase so wie die der Jungen?

Beide, Jungen und Mädchen, glauben zuerst, daß sie eine irgendwie geartete phallische Macht besitzen — und ihr erstes inzestuöses Liebesobjekt ist die Mutter.
Aber die Mutter zu begehren heißt, Angst vor dem Vater zu bekommen! Das ruft, wie im Fall des kleinen Hans, bei den Jungen **Kastrationsängste** hervor.

Was aber entdeckt ein Mädchen? Sie ist **bereits** kastriert . . .

Die Entdeckung des Mädchens, daß weder sie noch die Mutter einen Penis haben, ist **real.** Sie ist nicht mit der Phantasie des Jungen, kastriert zu werden, zu vergleichen. Sie kann gegenüber ihrer Mutter feindselige Gefühle entwickeln und ihr vorwerfen, sie in einem solchen Zustand in die Welt gebracht zu haben.

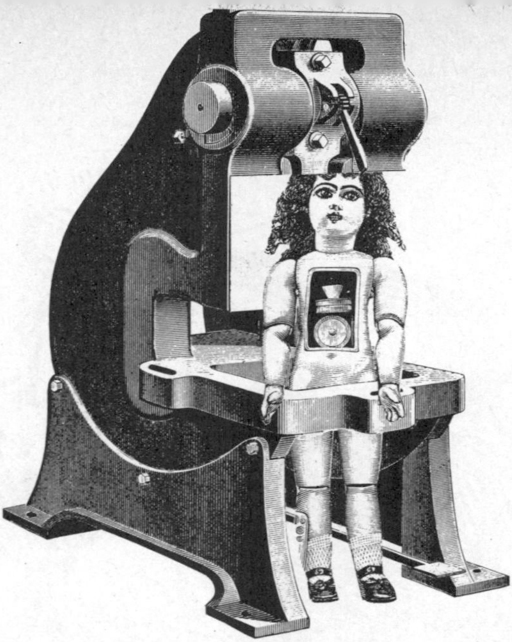

Und während die Jungen Kastrationsängste entwickeln, entsteht bei den Mädchen das, was Freud **Penisneid** genannt hat.

Die sexuelle Entwicklung des Mädchens entfernt sich von der des Jungen und schlägt einen verschlungenen Pfad ein.

Sie muß die Inzestwünsche ihrer Mutter gegenüber verdrängen — aus offensichtlichen Gründen, nicht wie die Jungen aus Angst vor dem Vater. Statt dessen scheint die Zuwendung zum Vater jetzt frei zu sein.

Beide Geschlechter werden auf ihrem Weg zu einer erwachsenen Sexualität mit diesem »ödipalen Rätsel« konfrontiert.

Der Weg zu einer gesunden, reifen, weiblichen Sexualität hat folgende Schritte:

1. Die Vorstellung einer Vereinigung mit einem männlichen Wesen muß akzeptiert werden.
2. Der Vater muß als Liebesobjekt im Laufe der adoleszenten Emanzipation aufgegeben werden.
3. Das Verhältnis zur Mutter muß aufgearbeitet werden.

Das Problem der sexuellen Entwicklung ist nicht einfach. Freud war sich immer der Doppelnatur der beiden Geschlechter bewußt — mit anderen Worten, ihrer **Bisexualität.**

1. Freud beobachtete, daß beim Menschen Maskulinität und Femininität in reiner Form weder im psychologischen noch im biologischen Sinn existieren.
2. Jedes Individuum besitzt männliche und weibliche Charakterzüge.

KEINE RICHTIGE FRAU IST NUR "WEIBLICH"...

DIE HERSTELLUNG VON DEUTSCHEN WACHSPUPPEN

1. Herstellung des Modells
2. Anpassung des Kopfes
3. Einsetzen der Augen
4. Wachsabdruck des Kopfes
5. Anmalen des Gesichts
6. Frisieren
7. Befestigung des Kopfes
8. Ankleiden

Freud war sich dessen bewußt, daß soziale Gepflogenheiten die Frauen in die passive Rolle zwängten, die allein als wirklich »weiblich« galt.

Freud entwickelte seine Theorie der weiblichen Sexualität weiter. Eine Vorlesung über das Wesen der Frau beendete er 1933 so: »Was ich heute über Weiblichkeit gesagt habe, klang nicht immer freundlich. Es ist unvollständig. Wenn Sie mehr wissen wollen, betrachten Sie Ihre eigene Lebenserfahrung . . .«

Psychologinnen haben seit langem Freuds Theorien überdacht und weiterentwickelt: Lou Andreas-Salomé, Anna Freud, Marie Bonaparte, Helen Deutsch, Karen Horney, Melanie Klein, Clara Thompson, Juliet Mitchell und viele andere.

4. DIE LATENZPHASE

Zwischen einem Alter von ungefähr sechs Jahren und der Pubertät scheint der Sexualtrieb zu verschwinden.
Er taucht in den Untergrund ab. Eine infantile Amnesie findet statt: Sie ist so total, daß man später die frühesten sexuellen Erfahrungen verleugnen kann.
Der infantile Abschnitt der Entwicklung der Sexualität endet mit der Verdrängung des Ödipuskomplexes.
Vorstellungen und Impulse oraler, analer und phallischer Art werden ins Unbewußte verbannt, das heißt **verdrängt,** und ihr Ausdruck nicht zugelassen. Aber die Impulse sind immer noch da — sie bestehen in latenter Form, in der Struktur, die die Libido entwickelt hat, weiter. Die sexuell organisierten Erinnerungen aus den drei ersten Phasen beeinflussen zukünftige Beziehungen.

Während der Adoleszenz kommt die Sexualität wieder zum Vorschein — mit der physischen Fähigkeit zu ihrer Ausübung!

Es wäre ein düsteres Bild der menschlichen Entwicklung . . .

Bei Tieren ist der Sexualinstinkt vorgeprägt. Er ist biologisch fixiert.

Nur beim Menschen durchläuft das Sexualleben zwei Abschnitte, während der Kindheit und in der Pubertät. Dies ist nur vom Menschen bekannt, und es hat offensichtlich einen großen Einfluß auf die Menschwerdung.

BEDEUTET WISSEN GESUNDHEIT?

Wir sind dann normal (psychisch gesund), wenn unser Wissensdrang nicht **behindert** wird.

Was wissen Neurotiker nicht? Irgend etwas hindert sie daran, die Ursache ihres Elends zu erkennen. Oder, wie Freud sagen würde, sie sind das Opfer einer **unbewußten Hemmung.** Hemmung bedeutet einfach eine Sichtblindheit gegenüber dem Problem, das die rigiden Verhaltensmuster eines Neurotikers bestimmt.

Freud verfolgt den Ursprung neurotischer Probleme in die Kindheit zurück.
Etwas kann bei den frühen Lernprozessen »schieflaufen« — dabei, wie sich die Struktur des menschlichen Sexualtriebes herausbildet.

Und das passiert so:
1. Es findet eine **Fixierung** (Abbruch der Entwicklung) der Libido an einer bestimmten Phase der Kindheit statt (oral, anal, ödipal).
2. Es kann zu einer **Regression** (Rückkehr) auf diese »fixierte« Phase kommen, was zu verschiedenen Formen der Neurose führt.

Neurotiker sind im wörtlichen Sinne »verklemmt«. Eine anale Fixierung zum Beispiel zeigt sich in allen möglichen Formen zwanghaften Verhaltens.

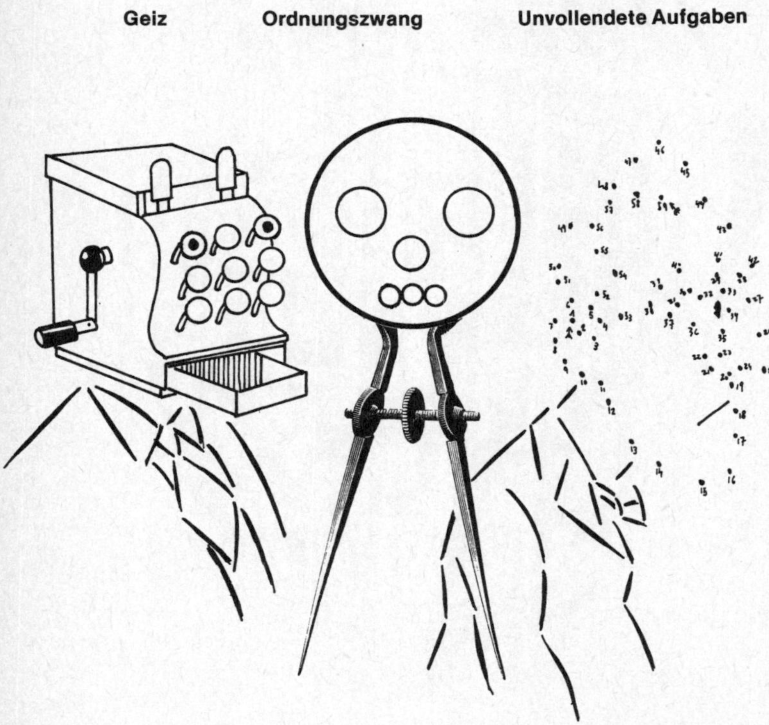

An der Oberfläche ist der Geizige damit beschäftigt, sein Geld zu behalten. Unbewußt aber »hält« er an dem symbolischen Wert »fest«, den er mit seinen Exkrementen in der analen Phase verband.
Zwangsvorstellungen bestehen weiter, obwohl sie mit dem bewußten Teil der Psyche nicht in Einklang zu bringen sind.

Bei einem Fetischisten nimmt ein Schuh, ein Pelz oder ein Körperteil den Platz einer vollständigen menschlichen Beziehung ein.

Eine andere Form eines unreifen Sexualziels oder Sexualobjekts ist die **Inversion** (das Hineinwenden der Libido auf ein Objekt wie das Selbst), was allgemein als Homosexualität bekannt ist.

Die sexuelle Entwicklung kann oft »schieflaufen«. Dies führte Freud zu einer revolutionär neuen Einsicht.

Normale Sexualität ist nur eine Möglichkeit der Entwicklung. Sie setzt sich aus vielen Teilen zusammen, die sich abspalten und fixieren können.

Freuds Theorie der Sexualität machte ihn weltberühmt . . . aber aus den falschen Gründen!

Diese Feindseligkeit ist verständlich. Freud hatte dem menschlichen Stolz den **dritten revolutionären Schlag** versetzt.

Psychologie . . .

... ist die zur Wissenschaft erhobene Lebenserfahrung, daß anderer Leute Fehler leichter erkennbar sind als die eigenen. Kommt man selbst nicht mit seinem Geld aus, verdient man zuwenig. Logisch. Wenn anderen Leuten das Geld nicht reicht, verdienen sie's nicht anders. Das ist psychologisch.

FREUDS 3. REVOLUTION: DIE PSYCHOLOGIE DES UNBEWUSSTEN

Philosophen haben immer Geist mit Bewußtsein gleichgesetzt. Freud aber sagte etwas anderes. Nur ein kleiner Teil des Psychischen ist bewußt. Der Rest ist unbewußt, er besteht aus unzulässigen und unwillkürlichen Vorstellungen, die das Verhalten motivieren.

DER RATTENMANN (1907—1909)

Anmerkungen zu einem Fall von Zwangsneurose

LETZTES JAHR ERZÄHLTE MIR EIN KAMERAD VON EINER CHINESISCHEN FOLTER... EIN BEHÄLTER MIT RATTEN WIRD DEM OPFER AUF DAS GESÄSS GEBUNDEN. DIE RATTEN NAGEN SICH DANN DURCH DEN AFTER EINEN WEG AUS IHREM GEFÄNGNIS HERAUS...

DIESE VORSTELLUNG ENTSETZTE UND FASZINIERTE MICH!

Der Patient hatte einige Tage, bevor er von der Folter erfuhr, seine Brille verloren. Er hatte in Wien eine neue bestellt und mit einem Offizier aus dem Nachbarort verabredet, daß dieser sie abholen solle. Aber dann hörte er die »Rattengeschichte« …

Um diese Gefahr abzuwenden, hatte der Rattenmann einem bizarren, selbstauferlegten Ritual zu folgen, das so kompliziert war, daß man es nicht erfüllen konnte. Selbst Freud beschäftigte sich damit, Karten zu zeichnen und Fahrpläne zu studieren!

FREUD SPÜRTE AUF DIESER NEUROTISCHEN "SUCHE" SCHLIESSLICH EINE KINDHEITSSZENE AUF, DIE MIT SEXUELLER NEUGIER ZU TUN HATTE.

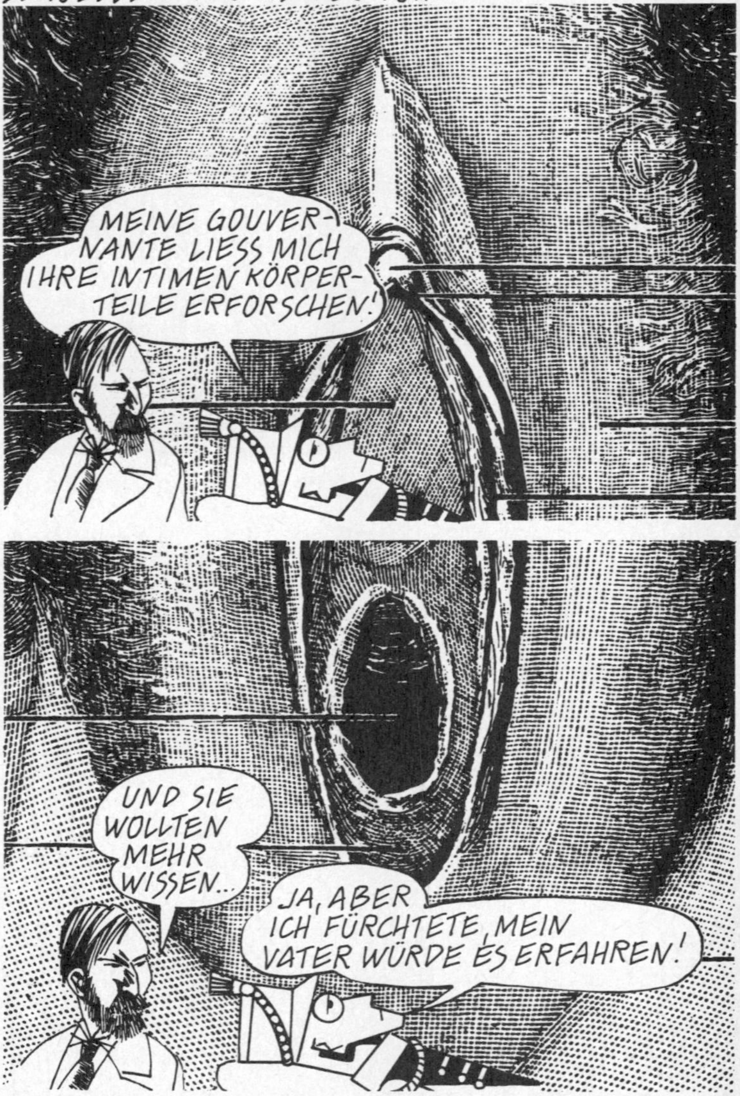

Sexuelle Erregung wurde mit Bestrafung und Feindseligkeit seinem Vater gegenüber verbunden.

Diese Fixierung wird von einem der »Rituale« des Rattenmannes näher beleuchtet, das er während der Vorbereitung auf eine Prüfung entwickelte. Jede Nacht blieb er bis nach Mitternacht auf.

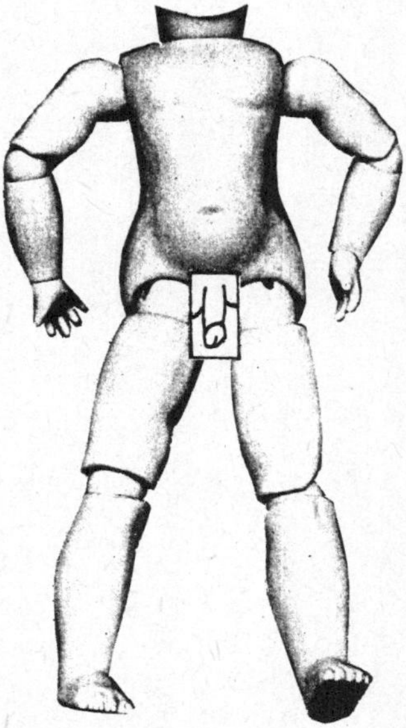

FREUD ERFUHR NOCH MEHR...

ICH BIN ATHEIST... ABER ICH BEGANN, AN EIN LEBEN NACH DEM TODE ZU GLAUBEN, NACHDEM MEIN VATER GESTORBEN WAR!

Er nahm einen neuen Glauben an, um einen **alten** zu schützen: daß sein Vater selbst nach seinem Tode noch gegen ihn vorgehen würde.

Seine Klage über genitale Bedürfnisse legt eine Fixierung in der analen Phase nahe. Der Phase, die von den Eltern **überwacht** wird!
Die meisten Zwangsneurosen können auf anale Fixierungen zurückverfolgt werden; diese analen Fixierungen sind oft mit **sadistischen** Bedürfnissen verbunden. Deshalb verfolgte ihn die »Rattengeschichte«!

Langsam begann Freud, die verborgene Bedeutung der unbewußten Vorstellungen des Rattenmannes zu entschlüsseln. Zum Beispiel . . .

Und so fühlte er jetzt den Zwang, zurückzukehren und den Stein genau an die Stelle zurückzulegen, an der er gelegen hatte.

Die Ziele des Rattenmannes sind verdreht. Die Strafe, von der er befürchtet, sie würde andere treffen, fürchtet er in Wirklichkeit für sich selbst.
Normales Verhalten spielt sich in der Realität und in der Gegenwart ab. Aber die Handlungen des Rattenmannes sind in der Realität des Hier-und-Jetzt sinnlos, weil sich seine Sexualängste auf die Vergangenheit beziehen. Seine Handlungen sind nur dann sinnvoll, wenn man sie als ein Bedürfnis betrachtet, ein Geschehen aus der Vergangenheit zu **wiederholen.** Ein Neurotiker erinnert sich nicht, er wiederholt.

DIE ANALYSE DES RATTENMANNES DAUERTE 11 MONATE. SEINE NEUROSE WURDE VOLLSTÄNDIG GEHEILT – BIS ZU SEINEM TOD IM ERSTEN WELTKRIEG.

DIE PSYCHOANALYTISCHE BEWEGUNG

Freud versammelte zwischen 1902 und 1908 Schüler und andere Pioniere der Psychoanalyse um sich. Diese ersten Analytiker bildeten die Wiener Psychoanalytische Vereinigung.

Der erste internationale Kongreß wurde im April 1908 in Salzburg abgehalten.

Stanley Hall, der Rektor der Clark University, lud Freud zu einer Vorlesungsreihe in den USA ein. Freud schiffte sich im August 1909 zusammen mit Jung und Ferenczi ein. An Bord der **George Washington** beobachtet Freud einen Kabinensteward beim Lesen . . .

FREUD MOCHTE AMERIKA NICHT...

Um 1910 war Freud international anerkannt. Aber jetzt hatte er sich mit Konflikten innerhalb der psychoanalytischen Bewegung selbst auseinanderzusetzen. Theoretische Differenzen führten zu einer Trennung zwischen Freud und seinen ältesten Schülern wie Adler, Stekel, Jung, Rank.

ES WIRD MANCHMAL BEHAUPTET, DASS DIE URSACHE DIESER SPALTUNGEN IN FREUDS TYRANNISCHER UND DOGMATISCHER PERSÖNLICHKEIT LAG. ABER WIE FREUD SEINEM BIOGRAPHEN ERNEST JONES ERZÄHLTE...

Wir wollen kurz die bekannteste Spaltung betrachten — die zwischen Freud und Jung.

Carl Jung (1875—1961) war Psychiater an der Burghölzli-Klinik für Geisteskranke in Zürich.
Er war der erste, der Freuds psychoanalytische Methode an Psychotikern ausprobierte, die eine weitaus schwerere Symptomatik aufweisen als Neurotiker.
Jung prägte den berühmten Begriff **Komplex,** und er entwickelte Wortassoziationstests für diagnostische Zwecke.

Für Freud war wichtig, daß Jung ein etablierter Psychiater war, nicht aus Wien kam und kein Jude war. Seinem Kollegen Karl Abraham gegenüber äußerte Freud . . .

Aber schon zu Beginn seiner Freundschaft mit Freud gestand Jung seine verwirrten Gefühle.

»... daß meine Verehrung für Sie einen ›religiös‹-schwärmerischen Charakter hat, der mir zwar weiter keine Molesten verursacht, mir aber wegen seines unverkennbar erotischen Untertones ekelhaft und lächerlich ist. Dieses abscheuliche Gefühl stammt daher, daß ich als Knabe einem homosexuellen Attentat eines von mir früher verehrten Menschen unterlegen bin.«

Aus Jungs Brief an Freud vom 28. Oktober 1907.

Freuds Antwort war, daß »religiöse Verzückung« oft in Rebellion endet.

»Ich werde also das Möglichste tun, um mich als ungeeignet zum Kultgegenstande erkennen zu lassen . . .«
Freud an Jung am 15. November 1907.

Diese »Vater und Sohn«-Geschichte sollte böse enden. Im September 1912 ging Jung allein nach New York, um an der Fordham University Vorlesungen zu halten. Er glaubte, er würde Freud »verteidigen«. Aber seine Kritik an Freuds grundsätzlichen Konzepten war einschneidend.

Jung kappte die Wurzeln der Entdeckungen Freuds — den Ursprung neurotischer Störungen in der Kindheit und der Sexualität. Freud betrachtete Jungs »Unabhängigkeit« als einen Widerstand gegen den unbewußten Wunsch, den Vater zu vernichten.

DIE DINGE STANDEN NICHT ALLZU GUT, ALS SICH FREUD UND JUNG IM NOVEMBER 1912 ANLÄSSLICH EINER KONFERENZ IM MÜNCHENER PARK-HOTEL WIEDERTRAFEN. ABER NACH EINEM ZWEISTÜNDIGEN GESPRÄCH VON "MANN ZU MANN"....

FREUDS "KLEINER SIEG" LÖSTE NICHT DIE SPANNUNGEN... DENN BEIM MITTAGESSEN...

JUNG TRUG IHN INS NEBEN-ZIMMER.

UND ALS FREUD ZU SICH KAM...

Was meinte Freud damit? War er früher schon einmal ohnmächtig geworden?
Ja, schon einmal — im Jahre 1909—, als er den Abstinenzler Jung dazu gebracht hatte, zur Feier ihrer Überfahrt in die USA ein Glas Wein zu trinken. Und schon vor einigen Jahren hatte er im selben Zimmer des Park Hotel die gleichen Symptome (wie er Ernest Jones erzählte).

UND FREUD ANALYSIERTE...

Die Beziehungen zwischen Freud und Jung verschlechterten sich. In seinem Brief vom 18. Dezember 1912 schob Jung Freud die Schuld an der Spaltung der Bewegung zu.

Im Frühjahr 1913 hatte Freud ein neues Buch beendet, **Totem und Tabu,** von dem er wußte, daß es den Bruch mit Jung beschleunigen würde. Jung wollte nämlich die Bedeutung der Inzestphantasien verringern. In diesem Buch aber vergrößerte Freud die Wichtigkeit des Ödipuskomplexes, indem er ihn an die Ursprünge der menschlichen Zivilisation zurückverfolgte!

TOTEMISMUS UND INZEST

Das Totem stellt den Geist oder Vorfahren einer Stammesgruppe dar, und er wird gewöhnlich durch ein Tier symbolisiert, das nicht verletzt oder getötet werden darf. Totemismus ist mit Exogamie verbunden: Sexuelle Beziehungen zwischen Mitgliedern derselben Totemgemeinschaft sind verboten. Auf diese Weise war der Inzest tabuisiert.

Eine Gesellschaft ist erst funktionsfähig, wenn die Beziehungen zwischen verschiedenen Familien durch Gesetze für sexuelles Verhalten geregelt sind.

Aber einmal im Jahr wird das Totem-Tier getötet und gegessen. Ritueller Trauer folgt eine Periode wilder Freude.
Was bedeutet diese jährliche rituelle Ermordung des totemischen Vorfahren?

Der Totemismus muß noch einen anderen, tieferen Mythos enthalten.
DEN URMYTHOS

Darwin meint, daß die frühen, affenähnlichen Menschen in kleinen Horden lebten, die aus einem mächtigen Patriarchen und seinen Weibchen bestanden.

Die Rivalität um die Weibchen brachte die jüngeren Männchen dazu, den alten Vater zu töten und aufzufressen.

Das Schuldgefühl, das dem ödipalen Urverbrechen folgte, führte zu den Totemgesetzen, die Mord und Inzest verboten. Die Verdrängung dieses Urödipuskomplexes steht am Anfang jeder menschlichen Kultur, Religion und Kunst.

FREUD WAR DAVON ÜBERZEUGT, DASS SEINE SEXUALITÄTSTHEORIE IM GRUNDE RICHTIG WAR. ABER DAS BEDEUTET NICHT, DASS ER KEINE ZWEIFEL HATTE.

Freud machte sich klar, daß er mehr brauchte, um die Quelle von Konflikt und Repression erklären zu können.
Das war nicht nur ein theoretisches Problem; es betraf auch die Möglichkeit, seine Patienten erfolgreich behandeln zu können.

THERAPIEPROBLEME

Der Erfolg einer Therapie besteht darin, die Kräfte, die gegen eine Therapie ankämpfen, zu überwinden. Wie tief reichen diese »Kräfte«? Und worin bestehen sie?

Die Symptome eines Neurotikers können auf verdrängte, unbewußte Wünsche und Impulse zurückgeführt werden.

Aber was macht der Therapeut damit? Wie kann dem Patienten das Unbewußte bewußtgemacht werden?

Wie bewirkt also die Analyse, daß Unbewußtes bewußt wird?

Freud benutzte eine Technik, von der er seit 1895 wußte. Er hatte zwei Hindernisse ausgemacht, die sich zwischen Arzt und Patient stellen konnten.

1. Der Patient entwickelt einen Widerstand gegen die Therapie.
2. Es passiert dasselbe wie in Breuers Behandlung der Anna O. . . .

1914 WAR FREUD IN DER LAGE, DIE **ÜBERTRAGUNG** SEXUELLER GEFÜHLE AUSZUNUTZEN...
...UM DEN **WIDERSTAND** DER PATIENTEN ZU ÜBERWINDEN.
ABER DIE "LIEBESGEFÜHLE" DER PATIENTEN KÖNNEN SICH LEICHT IN FEINDSELIGE VERWANDELN.
AUCH DIESES HINDERNIS KANN NUTZBRINGEND VERWENDET WERDEN!
WIE KANN DIE ÜBERTRAGUNG FEINDSELIGER GEFÜHLE DEM THERAPEUTEN DABEI HELFEN, DEN WIDERSTAND ZU ÜBERWINDEN? WIR WOLLEN UNS NOCH EINMAL MIT DEM FALL DES RATTEN-MANNES BEFASSEN...
ZU EINEM BESTIMMTEN ZEITPUNKT IN SEINER ANALYSE BEGANN ER, STARKE FEINDSELIGE GEFÜHLE AUF MICH ZU ÜBERTRAGEN.

ER BESCHIMPFTE FREUD UND WEIGERTE SICH, SICH AUF DIE COUCH ZU LEGEN.
SIE MISCHEN SICH GENAUSO IN MEIN SEXUAL-LEBEN EIN WIE MEIN @#★!·ℳ6 VATER!
WARUM KÖNNEN SIE SICH NICHT HINLEGEN?
ES IST NICHT HÖFLICH, SICH HINZULEGEN, WÄHREND ICH SIE BESCHIMPFE!
IST DAS DER EINZIGE GRUND?
AH. HM. NAJA...NEIN...

Der Rattenmann gab zu, daß er Angst hatte, Freud würde ihn für seine Beschimpfungen bestrafen.

Auf diese Weise kann sogar die Ubertragung feindseliger Gefühle wichtig sein. Warum? Weil sie eine »Miniaturneurose« in der Gegenwart repräsentiert.
Freud meint: Der Neurotiker wiederholt, anstatt sich zu erinnern.
Er wiederholt, weil irgend etwas Unbewußtes, in der Vergangenheit Verdrängtes einen Widerstand gegen die Erinnerung leistet.
Aber wenn er sich wiederholt, indem er feindselige Gefühle Freud gegenüber in der Gegenwart zeigt, kann das jetzt interpretiert und in eine aktuelle Erinnerung gewendet werden.
Nur wenn das unbewußte Material offengelegt wird (als Wieder-Erleben in Form einer **zweiten** Neurose während der Analyse), kann es bearbeitet werden. Diesen Vorgang nannte Freud **Übertragungsneurose.**

Aber angenommen, es findet **keine** Übertragung statt? Diese Fälle sind schwerwiegender.

Solange es nur eine **irgendwie** geartete erotische Beziehung (selbst in der Phantasie) gibt, kann das Problem behandelt werden.
Aber was ist, wenn eine Übertragungsbeziehung auf der Basis von Liebe oder Haß nicht möglich ist? Dies würde bedeuten, daß der Patient jede erotische Beziehung zu Menschen oder Objekten aufgegeben hat. Wenn ein Patient nicht »erreicht« werden kann, kann seine Krankheit nicht mit Hilfe der psychoanalytischen Übertragungsmethode geheilt werden.
Diese nicht behandelbaren oder psychotischen Fälle nannte Freud **narzißtisch.** Was meinte er damit?

DER MYTHOS VON NARZISSOS

Dies ist eine andere alte griechische Sage über einen wunderschönen Jüngling, der sich in sein eigenes Spiegelbild verliebte.
Frustriert, da er sich nicht selbst besitzen konnte, schwand er dahin und wurde in eine Narzisse verwandelt.

NORMALER NARZISSMUS

Narzißmus ist eine normale Entwicklungsphase in der Kindheit. Während des Aufbaus seines **Egos** (seines **Ich**) sucht das Kind nach seinem Spiegel-Selbst.

Normalerweise wird die infantile narzißtische Libido auf Objekte, das heißt andere Menschen, übertragen.

EIN WENIG **SELBSTLIEBE** STECKT IN JEDER FORM ERWACHSENER LIEBE.

Was ist mit der Liebe zu einem Selbst, wie man es gern hätte? Ist das auch normal? Ja. Freud nannte es das **Ich-Ideal.**
Das Ich-Ideal ist der Ersatz für den verlorenen Narzißmus der Kindheit, als das eigene Ich das Ich-Ideal war.

Ein starker Egoismus ist ein Schutz gegen das Krankwerden. Aber letztendlich müssen wir beginnen zu lieben, um nicht krank zu werden. Wir werden ganz sicher krank werden, wenn wir aus der Unfähigkeit zu lieben heraus frustriert werden.

ABNORMER NARZISSMUS

Was aber passiert, wenn die Libido von der Welt zurückgezogen und auf das Ich zurückgelenkt wird?

Diese **Regression** auf den infantilen Narzißmus kann zu schweren psychotischen Erkrankungen führen. Paranoide Wahnideen, Halluzinationen, schwere Depressionen, Hypochondrie, Schizophrenie, Megalomanie usw. Diese Formen psychotischer Störungen sind alles narzißtische Zustände.

Bei der Behandlung kann die Übertragung als zweite, ausagierte Neurose nicht hergestellt werden, da der Patient nicht über äußere erotische Bindungen erreicht werden kann.

Dabei ergibt sich ein neues Problem: Der Narzißmus scheint die Existenz nichtsexueller Instinkte zu widerlegen. Selbst die Ich-Instinkte können als Libido-Instinkte betrachtet werden!

INZWISCHEN WAR EINE GEWALTIGE POLITISCHE AUSEINANDERSETZUNG AUSGEBROCHEN.

1914 — DER ERSTE WELTKRIEG — 1918

FREUD UNTERSTÜTZTE DIE ÖSTERREICHISCH-DEUTSCHE ALLIANZ, FÜR DIE AUCH SEINE SÖHNE KÄMPFTEN.

Aber seine Unterstützung ließ nach den ersten Kriegsjahren merklich nach.

»Es scheint, als ob diese Kultur — die von einigen Zivilisation genannt wird! — nicht ohne ein starkes Maß an Heuchelei existieren kann.«

Die Niederlage Deutschland-Österreichs verursachte in den Jahren 1919 und 1920 eine galoppierende Inflation. Freud verlor alle Ersparnisse. Und er hatte kaum genug Patienten, um seinen Lebensunterhalt zu verdienen.

Trotz Notlage, trüben Aussichten und Todesangst arbeitete Freud weiter an seiner Theorie des Narzißmus.

TRAUER UND MELANCHOLIE (1915)

Melancholie (hier dargestellt auf einem Kupferstich von Dürer 1514) ist der alte Name für die psychotische Depression.

WOHER KOMMEN ÜBERTRIEBENES SCHULDGEFÜHL UND SELBSTANKLAGE?

Die Klage über den Verlust eines geliebten Menschen ist normal.
Bei der psychotischen Depression aber enthüllt der Schmerz des Betroffenen unbewußte Haßgefühle.
Da diese Gefühle nicht zugegeben werden dürfen, wird der verlorene Gegenstand der Liebe mit dem eigenen Ich identifiziert.
Was geschieht dann?
Der unbewußte Haß wird, statt sich gegen das verlorene Liebesobjekt zu richten, **umgelenkt** auf das eigene Selbst.
Depressive Schuldgefühle und Selbstanklagen beruhen auf einer abnormen Regression auf den kindlichen Narzißmus.

Hier ist ein Beispiel. Eine junge Frau von 19 Jahren wurde in eine psychiatrische Klinik eingeliefert.

IN DER KLINIK UNTERNAHM SIE EINEN SELBSTMORDVERSUCH UND VERSTÜMMELTE MEHRMALS **EINE STELLE** AN IHREM LINKEN ARM (MIT RASIERKLINGEN, SCHEREN, FINGERNÄGELN).

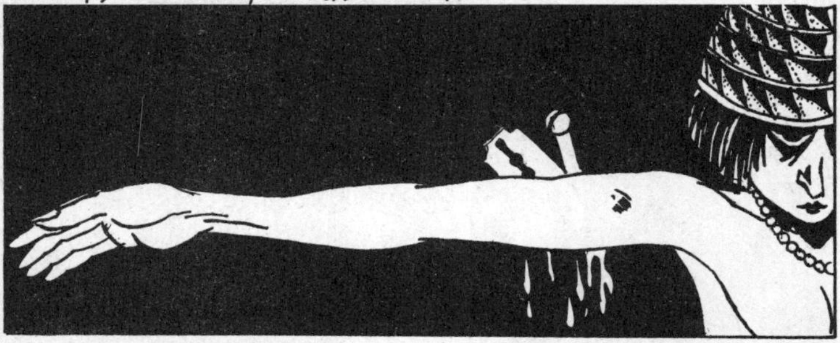

UND FURCHTBAR VERSTÜMMELT... SIE KONNTE NUR AN IHREM **GEBURTSMAL** AM LINKEN ARM IDENTIFIZIERT WERDEN!

NACH DEM TODE MEINER MUTTER MUSSTE ICH SIE GEGEN DIE FAMILIE VERTEIDIGEN.

DANN GAB SIE, SCHEINBAR OHNE JEDEN GRUND, IHRE ALTEN FREUNDE AUF UND HATTE "SCHLECHTEN" UMGANG.

SIE ÄNDERTE IHR VERHALTEN VOLLSTÄNDIG UND WURDE WIE IHRE MUTTER! DIESE ROLLE WURDE NUN DAS ZIEL VERDRÄNGTER FEINDSELIGER IMPULSE.

INDEM SIE "SCHLECHT" WAR, KONNTE SIE INDIREKT IHRE MUTTER BESCHULDIGEN.

DIESE "NEUE IDENTITÄT" ERSPARTE IHR, DIE EIGENEN NEGATIVEN GEFÜHLE AUSDRÜCKEN ZU MÜSSEN.

Eine so extreme Identifizierung nennt man **Introjektion.** Das verlorene Liebesobjekt wird vom Ich einverleibt oder »verschlungen«.
Der Patient regrediert auf eine bestimmte Stufe des infantilen Narzißmus, nämlich den Zeitpunkt, an dem die orale in die anale Phase übergeht. An dieser Stelle werden **Beißen** und **Ausscheiden** dominant, und das Kind schwankt zwischen Liebe und Haß.

DIE HEILUNG WURDE ERMÖGLICHT, ALS SIE EINE GLASSCHEIBE IN EINER TÜR ZERSCHLUG.

SIE ERINNERTE SICH UND BEGANN ENDLICH, BEWUSSTEN HASS AUF IHRE MUTTER ZU EMPFINDEN.

AUF DEM WEG ZUM »TODESTRIEB« (1915—1919)

Freud setzte seine Suche nach einer befriedigenden Theorie des **Triebkonflikts** fort.

Seit 1895 hatte er angenommen, daß menschliches Verhalten auf zwei entgegengesetzten Strebungen beruhte: dem **Lustprinzip** und dem **Realitätsprinzip.** Diese Prinzipien waren im Nervensystem angelegt.

1. Das Lustprinzip ist insofern als primär zu betrachten, als es den Organismus auf direkte und impulsive Wunscherfüllung drängt. Es ist mit dem Unbewußten verbunden.
2. Das Realitätsprinzip erlaubt dem Organismus, Triebaufschub oder Triebersatz zu tolerieren. Dieser sekundäre Prozeß wird durch das Denken charakterisiert. Er erlaubt ein bestimmtes Maß an Abnabelung von den sexuellen Impulsen und die Umorientierung ihrer Energie auf Denken, Arbeit und Spiel.

Der bekannte Mechanismus der **Sublimierung** beruht auf dem Realitätsprinzip. Sublimierung besteht nicht — wie allgemein angenommen wird — in einer Verdrängung der sexuellen Impulse, sondern in einer Umorientierung der libidinösen Energie auf eine notwendige Anpassung an die Realität hin.

Freud erkannte jetzt, daß das Lustprinzip und das Realitätsprinzip nicht wirklich antagonistisch sind, da beide eine **Spannungsverminderung** bewirken. Lust ist das psychische Ergebnis der Abfuhr eines bestimmten, im Organismus erzeugten Betrags an Erregung, Stimulierung oder Spannung. Das Realitätsprinzip erreicht dasselbe Ergebnis — ein Lustgefühl — mit Hilfe eines aufschiebenden, modifizierenden Prozesses.

Alles Verhalten steht im Dienste der Spannungsreduzierung.

AUGENBLICK MAL... WENN SPANNUNGSSTEIGERUNG UNLUSTVOLL IST...

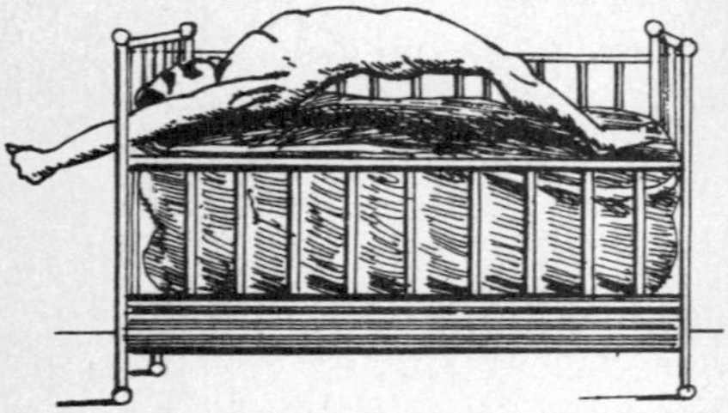

UND ERREGUNGSABFUHR LUSTVOLL...

WIE KANN MAN DANN EIN VERHALTEN ERKLÄREN, DASS DEM WIDERSPRICHT? WIE ERKLÄRT SICH EIN SELBSTVERLETZENDES VERHALTEN WIE **MASOCHISMUS**?

UND WAS IST MIT DEN KRIEGSBEDINGTEN FÄLLEN VON "GRABENSCHOCK"?

SELTSAM DARAN WAR, DASS DER PATIENT IN SEINEN TRÄUMEN DIE SCHRECKERREGENDE SZENE **WIEDERHOLTE**.

DIE UNLUSTVOLLE SPANNUNG WIRD DURCH WIEDER-HOLUNG KONSTANT GEHALTEN.

UND NOCH EIN BEISPIEL FÜR WIEDERHOLUNG, DAS FREUD SELBST WAHRNAHM.

ER WIEDERHOLTE DAS VERSCHWINDEN UND WIEDERERSCHEINEN SEINER MUTTER.

DIE FRAGE, DIE SICH FREUD JETZT STELLTE, WAR: WIE LÄSST SICH DIE WIEDERHOLUNG EINES UNLUSTVOLLEN EREIGNISSES MIT DEM LUSTPRINZIP VEREINIGEN?

Freud nannte diese verwirrende Bereitschaft, unlustvolle oder traumatische Ereignisse wiederzuerleben, **Wiederholungszwang.**

1. Voraus geht immer ein unlusterzeugender, überraschender Vorgang.
2. Normalerweise bereiten wir uns mit Hilfe der Angst auf eine erwartete Gefahr vor.
3. Manchmal erleidet die Psyche einen Schock oder wird durch ein Ereignis erschreckt, auf das sie nicht vorbereitet ist.
   In solchen Fällen verursacht nicht die Angst eine traumatische Neurose. Es ist vielmehr so, daß uns die Angst normalerweise vor einem Schreck oder einer Schreckneurose beschützt.
4. Das ist also das Geheimnis des Wiederholungszwangs. Er schafft rückwirkend in der Psyche Angst. Mit anderen Worten, die schmerzhafte Erinnerung wird so lange immer erneut wieder-erlebt, bis »nachträglich« ein ausreichender Schutzmechanismus aufgebaut ist.

In seinem Buch **Jenseits des Lustprinzips** (1920) beschreibt Freud diesen Vorgang. Aber er geht noch weiter.

DIESE ERKENNTNIS FÜHRTE FREUD DAZU, EINEN NEUEN TRIEB EINZUFÜHREN – EINEN TODESTRIEB!

Der Todestrieb oder Thanatos
(griechisch für **Tod**)

LACHSE KÄMPFEN SICH FLUSSAUFWÄRTS...

UM ZU LAICHEN...

...ZU STERBEN...

Der Organismus verteidigt sich gegen alle Todesdrohungen, die ihm nicht **angemessen** sind. Paradoxerweise kann der Todestrieb dazu dienen, das Leben zu **verlängern.**

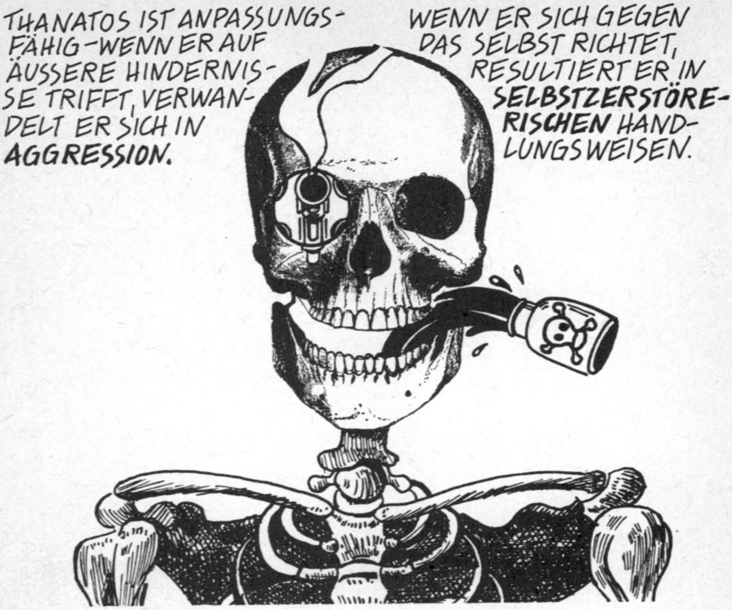

Der Lebensinstinkt oder Eros

(griechischer Gott der Liebe)

Das Leben eines Individuums bewegt sich auf einen »natürlichen« Tod zu. Aber der Weiterbestand der Spezies hängt nicht von einem Individuum ab. Der sexuelle Lebenstrieb, der die reproduktiven Zellen regiert, garantiert das biologische Überleben.

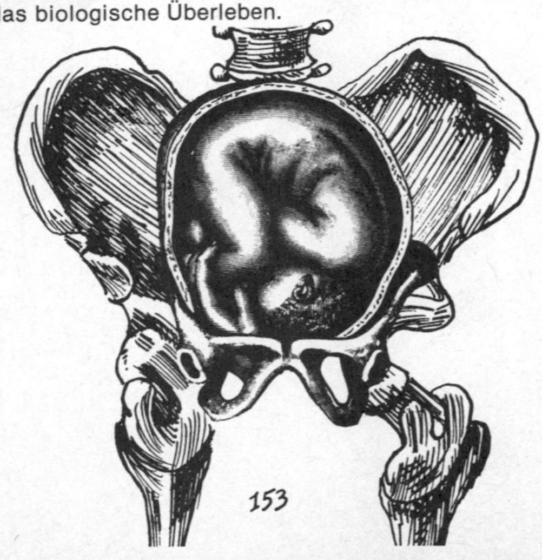

1. Das Ziel psychischer Aktivität besteht darin, die Spannungen zu verringern, die entweder durch triebhafte oder äußere Erregung provoziert wurden.
2. Das Nervensystem eines Organismus wird vom **Konstanzprinzip** reguliert — einer Tendenz zur Bewahrung der **Stabilität.**
3. Ein Trieb ist also ein allem organischen Leben innewohnender Drang, einen **früheren** Zustand wiederherzustellen.
   Aber wie weit geht diese bewahrende Tendenz?
4. Da alle lebende Materie aus nichtlebender, anorganischer Materie besteht, gibt es vielleicht jenseits des Lustprinzips einen Trieb, dessen Ziel es ist, einen Zustand anorganischer Stabilität zurückzugewinnen.
5. Der Wiederholungszwang ist ein regressives Triebprinzip, das einen Zustand völliger Energielosigkeit anstrebt — den Tod.

DAS ZIEL ALLEN LEBENS IST DER TOD.

DIE JAHRE DES LEIDENS

1920: Freuds »Sonntagskind« Sophie stirbt mit 26 Jahren.

1923: Freuds Lieblingsenkel, das Kind Sophies, stirbt.

Im selben Monat, dem April des Jahres 1923, wurde Freud wegen Kiefer- und Gaumenkrebs operiert. Es war die erste von 33 Operationen!

Der gesamte Oberkiefer und der Gaumen der rechten Seite wurden entfernt. In seinen letzten 16 Lebensjahren litt Freud unter furchtbaren Schmerzen. Seine Sprache und sein Gehör waren betroffen, und es fiel ihm schwer zu essen.

Eine große Prothese mußte entwickelt werden, um den Mund- und Nasenraum voneinander zu trennen.

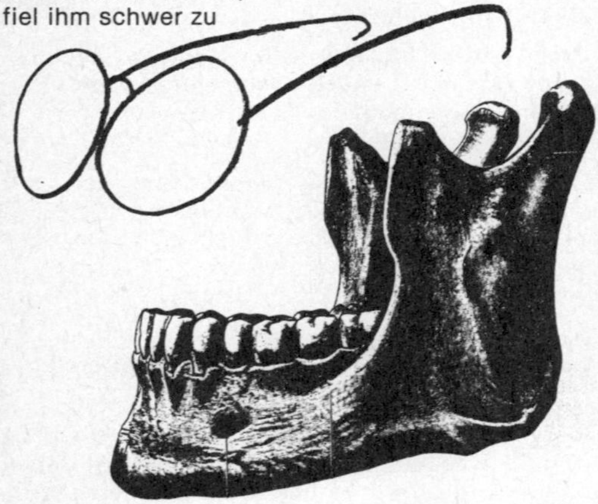

Freuds Tochter Anna pflegte ihn bis zu seinem Tode.

Bis 1923 . . .
konnte Freud keine wirklich befriedigende Antwort auf die Frage finden, die ihn schon so lange beschäftigte: Was ist die Quelle der Verdrängung? Wo läßt sich ein »nichtsexueller« Trieb finden, fähig einen sexuellen zu verdrängen — was zu einem neurotischen Konflikt führen kann?

Wir wollen ein Stück zurückgehen.

Bis jetzt hatte Freud angenommen, daß eine Neurose bei ungelösten Konflikten zwischen bewußter (Selbst-) Wahrnehmung und verdrängten, unbewußten Bedürfnissen entstehen müsse. Aber er konnte nicht erklären, wie die Verdrängung in erster Linie zustande kam.

Er hatte ebenso angenommen, daß die »Selbsterhaltungstriebe« des Ich auf Hunger, Durst und sexuelle Reproduktion beschränkt waren. Aber Hunger und Durst reichen als Triebe allein nicht aus, um das Individuum am Leben zu erhalten; und der Reproduktionstrieb ist für alle Spezies typisch und kein spezifisch individueller Charakterzug. Wir sitzen also fest!

Aber angenommen, wir machen einen phantasievollen Sprung...

Angenommen — um es einfach auszudrücken —, die Hauptaufgabe des Ich besteht darin, sein eigenes, inneres Gefühl von Selbst zu erhalten. Dann würde das bedeuten, daß die **Erhaltung** des Selbst einen höheren Stellenwert als die Verdrängung hat. Mit anderen Worten, Freud merkte, daß er die Bedeutung der Verdrängung zu hoch eingeschätzt hatte.

Wenn Verdrängung ein »Etwas« bedingt, das verdrängt, dann muß dieses Etwas entweder das Ich oder ein abgespaltener Teilaspekt des Ich sein, das für den Abwehrmechanismus der Verdrängung verantwortlich ist.

Deshalb stammt die Verdrängung aus dem Ich. Verdrängung ist Ich-verteidigend. Verteidigend wogegen? Gegen Defekte, die während der Ich-Entwicklung entstanden sind. Angst ist das angemessene menschliche Zeichen für Schwächen des Ich. Und natürlich entstehen Ich-Schwächen oft während der Persönlichkeitsentwicklung im Laufe der Kindheit.

Es wird klar, daß die menschliche Persönlichkeit verschiedene dynamische Teile mit spezifischen internen und strukturellen Eigenheiten hat.

1923 stellte Freud sein neues dynamisches Modell der Psyche vor.

DAS ICH, DAS ES UND DAS ÜBER-ICH

DAS ES

Das Es ist die primitive, unbewußte Basis der Psyche, beherrscht von primären Bedürfnissen. Die Psyche eines neugeborenen Kindes besteht zum größten Teil aus dem Es. Durch den Kontakt mit der äußeren Welt wird ein Teil des Es modifiziert.

Mit dem Wahrnehmen dieses Unterschiedes beginnt das **Ich,** sich vom Es zu trennen. Die Ich-Entwicklung wird von der Triebstruktur der Libido (Mund, After, Genitalien) geprägt.
Mit anderen Worten, Wahrnehmung des eigenen Selbst und körperliche Aktivitäten entwickeln sich zusammen.

DAS ICH

Freud schreibt dem Ich verschiedene wichtige Aufgaben zu.

1. Das Ich ist der Führer durch die Realität. Es kann sich anpassen oder verändern.
2. Bewußte Wahrnehmungen gehören zum Ich. Dies ist ein Aspekt des nach außen, auf die externe Realität gerichteten Ich.
3. Das Ich besitzt aber auch eine hemmende Funktion. Dies ist der andere, nach innen gerichtete und unbewußt ablaufende Aspekt des Ich.
   Zum Beispiel geschieht die Verdrängung der Es-Impulse durch das Ich unbewußt. Das ist eine der Abwehrmechanismen des Ich. Alle diese Mechanismen funktionieren unbewußt.

Hier ein Beispiel für eine Ich-Abwehr.

DAS ÜBER-ICH

Das Über-Ich ist nicht einfach nur das »Gewissen«. Es ist der Erbe des Ödipuskomplexes. Und das funktioniert so:

DAS KIND FÜHLT TIEFE FEINDSELIGKEIT GEGEN SEINE ELTERN, DIE ES NICHT AUSDRÜCKEN KANN...

DESHALB PROJIZIERT DAS KIND SEINE AGGRESSION AUF SIE...

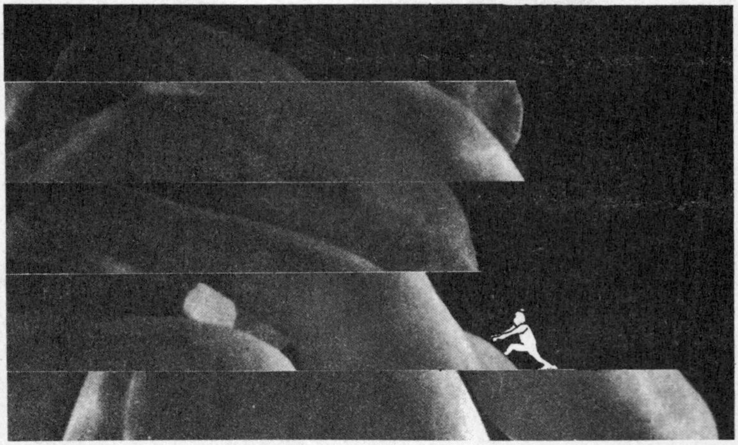

DIE ALS ÜBERTRIEBENE STRENGE ZURÜCKGEWORFEN ZU WERDEN SCHEINT...

DAS KIND WIRD ERWACHSEN, ABER ES BEHÄLT IMMER...

Wenn die ödipalen Impulse verdrängt werden und verschwinden, wird ihr Platz vom Über-Ich eingenommen.
Das Über-Ich repräsentiert die introjizierte elterliche Autorität. Es ist das Ergebnis einer Abwehrarbeit, die den Ausdruck ödipaler Wünsche verhindert.

Freud hatte die herkömmliche Ansicht von Moral und Gewissen vom Kopf auf die Füße gestellt!
Es sind nicht unsere strengen moralischen Vorstellungen, die aggressives Verhalten verhindern. Vielmehr entwickeln wir moralische Vorstellungen, **weil** wir der Aggression eine Absage erteilen.

Und was geschieht dann mit den Religionen? Freud diskutiert diese Frage in seinem Buch **Die Zukunft einer Illusion** (1927).

Freud lehnte alle Religionen ab. Er setzte seine Hoffnung nicht auf ein »Gewissen«, das auf einem verdrängten Teil der Persönlichkeit beruhte. Er vertraute auf die Vernunft und die wissenschaftliche Analyse.

Der Erste Weltkrieg schien der furchtbare Beweis für den Kampf zwischen Lebens- und Todestrieb in der Zivilisation zu sein.
In **Das Unbehagen in der Kultur** (1930) fragt Freud nach dem Wert der Zivilisation.

Menschen suchen instinktiv nach Lustgewinn. Aber in Wirklichkeit verbringen sie sehr viel mehr Zeit damit, Unlust zu vermeiden. In der Realität gibt es eben sehr viel mehr Möglichkeiten, Unlust als Lust zu erfahren. Aus diesem Grunde verzichten die meisten Menschen auf Lustgewinn, wenn ihnen die Zivilisation als Ersatz weniger Leiden verschafft.

ABER DIE GROSSE FRAGE IST...

Die Arbeit, die Zivilisation erst möglich macht, wird von der unterdrückten Majorität eines Volkes geleistet, das zuwenig Anteil am produzierten Reichtum hat. In diesem Punkt stimmt Freud mit Marx überein.

Freud fragte sich weiter: Wie **identifizieren** sich Menschen mit einer Gruppe oder Gesellschaft? Die libidinöse Besetzung eines Objektes kann auch auf einer Massenbasis stattfinden.
Individuen setzen ein und dasselbe Objekt an die Stelle des Über-Ich. Sie identifizieren sich miteinander in ihrem Ich.

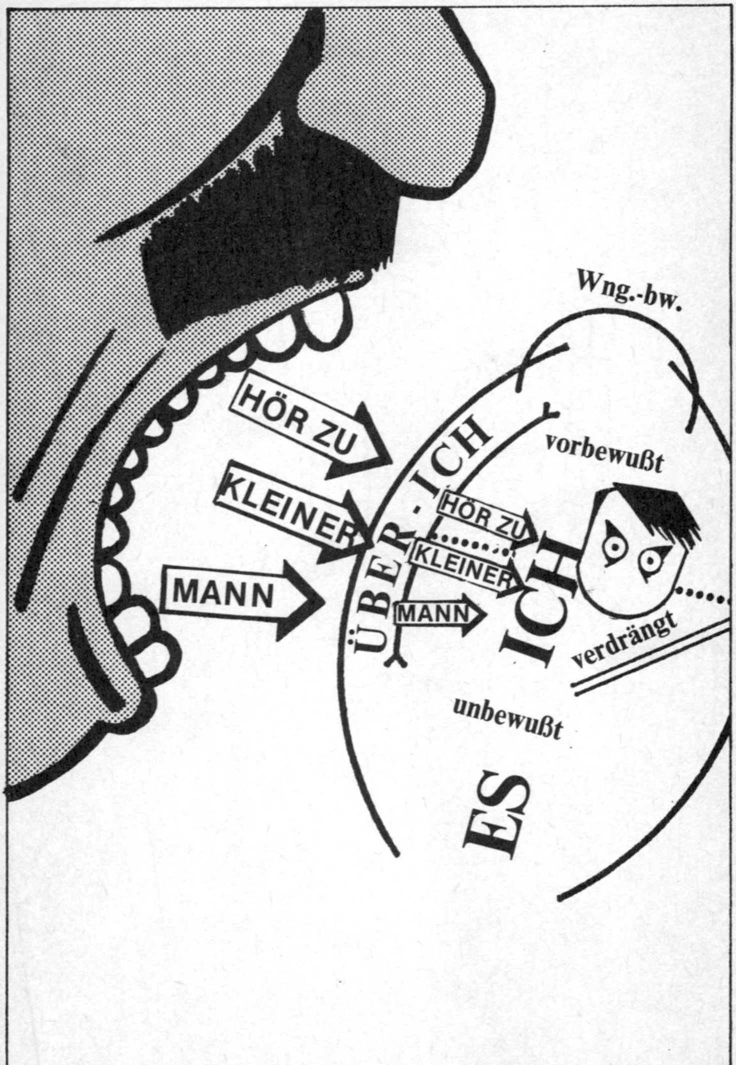

Aber angenommen, das Über-Ich wird einem **Führer** überantwortet? Dieser Vorgang bewirkt eine gefährliche »Massenverliebtheit«! Und das passierte in Deutschland in den dreißiger Jahren!

Im Mai 1933 verbrannten die Nazis in Berlin die Bücher von Freud und vielen anderen modernen Denkern.

Freud irrte sich! Die Nazis hätten auch ihn selbst in einem ihrer Todeslager vergast und verbrannt — wie sie es mit Millionen anderer Juden taten, unter ihnen Freuds Schwestern.

März 1938: Die Nazis marschieren in Österreich ein. SA-Männer dringen auf der Suche nach Wertsachen in Freuds Haus ein. Freuds »alttestamentarischer« Gesichtsausdruck vertreibt sie. Freuds Tochter Anna wurde von der Gestapo einen Tag lang festgehalten.

Juni 1938: Freud emigriert mit seiner Familie nach England.

Trotz seines sich verschlimmernden Krebsleidens arbeitete Freud weiter bis zu seinem Tod am **23. September 1939.**

KLEINES WÖRTERBUCH

Auf der Grundlage von Charles Rycrofts
A Critical Dictionary of Psychoanalysis

ABREAGIEREN Ein Vorgang, bei dem verdrängte Gefühle freigesetzt werden, indem der ursprüngliche Vorgang in der Phantasie noch einmal erlebt wird.

ABWEHR In ihrer negativen Form wird die Abwehr dazu benutzt, das Ich vor Ängsten aus dem Es oder der Umwelt, vor einem schlechten Gewissen oder Über-Ich-Drohungen oder vor realen Gefahren zu beschützen.
Positiv werden Abwehrmechanismen vom Ich dazu benutzt, diejenigen Impulse zu kanalisieren oder zu kontrollieren, die zu einer Neurose führen können.
Die Abwehr bewirkt einen Kompromiß zwischen Wunsch und Realität. Das Ich modifiziert die Impulse aus dem Es, die nach sofortiger Befriedigung drängen, und erlaubt eine Form der verdeckten Befriedigung. Der Sinn eines jeden Abwehrkompromisses ist es, den Konflikt aus dem Bewußtsein fernzuhalten.

AFFEKT Ein Gefühl, das mit Vorstellungen, Vorstellungsbündeln oder Objekten verbunden ist.

AGGRESSION In den späteren Schriften Freuds wird die Aggression aus dem Todestrieb abgeleitet und der Libido, dem Sexual- oder Lebenstrieb, Eros, entgegengesetzt. Es gibt verschiedene Ansichten darüber, ob Aggression ein grundlegender Trieb ist oder ob sie das Ich mit der Energie versorgt, um die Hindernisse zu überwinden, die seinen Selbstbehauptungsbedürfnissen entgegenstehen.

BESETZUNG Psycho-ökonomischer Begriff: eine bestimmte psychische Energie wird an ein Objekt oder die Vorstellung eines Objekts gebunden.

FIXIERUNG Bezeichnet eine nicht gelungene Entwicklung während der einzelnen Phasen der Libidoentwicklung. Durch das Stehenbleiben auf einer Stufe sind »erwachsene« Befriedigungsmöglichkeiten der Libido nicht möglich. Die Fixierung öffnet den Weg zur Regression auf eine bestimmte Entwicklungsstufe.

ICH/ES/ÜBER-ICH Strukturelle Begriffe. »Orte« im psychischen Apparat, aber nicht im Gehirn. Die Psyche beginnt ihre Entwicklung als unorganisiertes Es, aus dem sich im Laufe der Auseinandersetzung mit der Umwelt das Ich entwickelt. Im Gefolge des Ödipuskomplexes entwickelt sich aus dem Ich das Über-Ich.
Während das Es (Primärprozeß) nach Wegen der unmittelbaren Triebbefriedigung sucht, befähigt das Ich das Individuum zum Befriedigungsaufschub und zur Kontrolle der Umwelt. Das Über-Ich stellt introjizierte Elternfiguren (soziale Normen) dar. Die Strenge des Über-Ichs rührt teilweise von der Heftigkeit infantiler Gefühle, es kann in Form nach innen gewendeter Aggressionen sich gegen das Individuum selbst richten.

INSTINKT siehe Trieb

INTROJEKTION Ein Vorgang, bei dem die Beziehung zu einem Objekt (draußen) durch eine Beziehung mit einem vorgestellten geistigen Objekt (drinnen) ersetzt wird. Das Über-Ich wird durch die Introjektion von Eltern- oder Autoritätsfiguren gebildet. Introjektion ist sowohl ein Abwehrmechanismus (gegen Verlassensängste) als auch ein Vorgang normaler Entwicklung (verhilft dem Individuum zur Autonomie).

KASTRATIONSKOMPLEX Die ödipale Rivalität mit dem Vater bewirkt bei Jungen den Kastrationskomplex. Mädchen und Frauen können nicht an dieser männlichen Angst leiden. Aber sie können sich nichtsdestoweniger »kastriert« fühlen, den Wunsch spüren, den Besitz eines adäquaten (symbolischen) Penisersatzes zu beweisen; genauso können sie Angstgefühle gegenüber denjenigen Organen, Objekten oder Aktivitäten zeigen, die für sie ein Penisäquivalent darstellen. Die Ursache dieses Komplexes wird von Freud im Penisneid gesehen.
Viele Psychoanalytikerinnen und die Frauenbewegung stehen dieser Ansicht äußerst skeptisch gegenüber.

KOMPLEX Ein Bündel von Vorstellungen (und oft Erinnerungen an reale oder phantasierte Momente), die mit starken Emotionen verbunden sind, die durch Verdrängung ins Unbewußte vertrieben werden und von dort einen starken Einfluß auf das Verhalten ausüben. Der Komplex kann manchmal teilweise oder vollständig bewußtwerden, obwohl die Aufgabe der Verdrängung ist, dies zu verhindern.
Freud beschrieb nur zwei Komplexe: den Ödipuskomplex und den Kastrationskomplex.

LIBIDO Von Freud postulierte Energie, die in psychischen Prozessen, Strukturen und Objekten »fließt«. Als Quelle der Libido gilt der Körper und das Es; sie ist an bestimmte erogene Zonen oder psychische Strukturen gebunden. Freud betrachtete die Libido als spezifisch sexuelle Energie; später gab er diese Vorstellung, zum Beispiel bei der narzißtischen Libido, zugunsten einer allgemeineren Auffassung auf, bei der die Libido, zunächst an Elternobjekte gebunden, auf Grund von Frustrationen das eigene Ich besetzt.

NEUROSE Ursprünglich bezeichnete der Begriff eine Nervenkrankheit; später funktionale Störungen des Nervensystems ohne erkennbare strukturelle Veränderungen. Freud entdeckte, daß Neurosen nicht eine Störung des Nervensystems, sondern der Persönlichkeit sind; eine Erscheinungsweise eines Konflikts, bei dem fundamentale Triebbedürfnisse unterdrückt werden. Es gibt verschiedene Arten von Neurosen: solche, die auf Vorgänge in der Vergangenheit zurückführbar sind, gegenwärtige sexuelle Gewohnheiten, Symptome als Charakterzug und psychosomatische Erscheinungen. Ein Beispiel: die Zwangsneurose. Zwänge sind Vorstellungen oder Vorstellungsgefüge, die fortwährend in das Bewußtsein des Patienten eindringen, obwohl er sie als unnormal betrachtet. Herausragende Symptome sind Zwangsgedanken und zwanghaftes rituelles Verhalten. Zwangsgedanken unterscheiden sich von anderen Gedanken dadurch, daß der Patient sie als bizarr, obszön, unspontan und wiederholt erlebt: auch das Verhalten ist wiederholend, stereotyp und eingeengt. Die Zwangsneurose geht mit einer Regression auf die anal-sadistische Phase einher und ist durch Ambivalenz gegenüber den introjizierten Elternfiguren gekennzeichnet.

ÖDIPUSKOMPLEX Er entsteht im Laufe der Ich-Entwicklung zwischen dem dritten und fünften Lebensjahr und kann später für ein großes Maß unbewußter Schuldgefühle verantwortlich sein. Personen, die in der ödipalen Phase fixiert sind, wählen als Sexualpartner oft Menschen aus, die in irgendeiner Weise einem Elternteil ähneln.

PSYCHE Ursprünglich die Seele; psychologisch gesehen der Geist, der mentale Apparat. Üblicherweise dem Soma, dem Körper, entgegengesetzt.

PSYCHIATRIE Ein Teilgebiet der Medizin, das, anders als die Psychoanalyse, hauptsächlich geistige Leiden körperlichen Ursprungs behandelt. Dabei betrachten Psychiater vieles, was die Psychoanalyse als seelisch verursacht ansieht, als körperlich und umgekehrt.

PSYCHOLOGIE Allgemein die Wissenschaft vom Geist oder die Wissenschaft vom Verhalten; hat viele Teilgebiete wie experimentelle, klinische, Sozial- und Arbeitspsychologie. Einige betrachten die Psychoanalyse als Teilgebiet, wogegen sich aber viele Psychologen wehren.

PSYCHOSE Bezeichnet in Psychiatrie und Psychoanalyse eine Krankheit, die mit Realitätsverlust und Verlust der Kontrolle über das eigene Handeln einhergeht. Steht im Gegensatz zur Neurose, bei der die Vernunft des Patienten nicht in Zweifel gezogen wird. Man unterscheidet zwischen organischen Psychosen, die eine klare körperliche Ursache haben (Vergiftungen, Gehirnschwund, Alkoholismus), und den funktionalen Psychosen, bei denen eine körperliche Ursache nicht zu erkennen ist (endogene Psychosen). Es werden drei große Gruppen bei den funktionalen Psychosen unterschieden: Schizophrenien, manisch-depressive Zustände und paranoide Erscheinungen. Die Psychoanalyse betrachtet die Psychosen als narzißtische Störung, die auf Grund einer nicht herstellbaren Übertragung nicht behandelt werden kann. Es gibt allerdings in der neueren Psychoanalyse Behandlungsansätze.

REGRESSION Ein Ergebnis der Fixierung, ein Zurückfallen auf Ausdrucks- und Verhaltensweisen, die einem früheren Stadium der Ich-Entwicklung angehören. Auch ein Abwehrmechanismus, mit dessen Hilfe Angst dadurch vermieden wird, daß das Individuum auf infantile Verhaltensmuster zurückgreift. Allerdings keine gesunde Abwehr, da das Individuum gezwungen wird, seine Ängste in der für die frühere Stufe typischen Art wiederzuerleben.

SCHULDGEFÜHL Spezifisch neurotisches Schuldgefühl, das nicht durch tatsächliche Verletzungen der bewußten Wertvorstellungen des Individuums erklärt werden kann. Ergebnis eines Konflikts zwischen dem Über-Ich und infantilen sexuellen und aggressiven Regungen. Ausdruck von Aggression gegen sich selbst auf Grund »moralischer« Verurteilung durch das Über-Ich. Abwehrmechanismen gegen Ängste können auch Schuldgefühle vermindern.

SEXUALITÄT Freud warf die herkömmlichen Vorstellungen über Sexualität über Bord, indem er postulierte, daß einmal das Sexualverhalten des Erwachsenen infantile Ursprünge (orale und anale Erotik und Teiltriebe) hat, die zur Entwicklung des Sexualtriebs und der gesamten Persönlichkeit des Erwachsenen beitragen, und daß zweitens infantile und erwachsene Sexualität nichtsexuelle Verhaltensweisen durch den Filter von Symbolisierung und Sublimierung beeinflussen.

SUBLIMIERUNG Psychischer Entwicklungsprozeß, bei dem Triebenergien in nichttriebbestimmten Verhaltensweisen abgeführt werden. Verschiebung solcher Energie auf Bereiche von geringerem triebhaften Interesse; entsexualisierte und von Aggression befreite Emotionen; Befreiung des Handelns von den Anforderungen triebhafter Spannung. Kann man vielleicht am besten mit negativen Beispielen verstehen: ein Patient, der vor seinem neurotischen Zusammenbruch einen »verschlingenden« Verstand hatte, wendet sich jetzt dem »Überfressen« zu (orale Befriedigung). Oder jemand mit einer großen intellektuellen Neugier wird zum Voyeur. Aus diesen Beispielen kann man ableiten, daß die zur Sublimierung zur Verfügung stehenden Triebe prägenitale Teiltriebe sind. Sublimierung bedarf der unbewußten Symbolisierung (»Nur was verdrängt ist, wird symbolisiert, nur was verdrängt ist, bedarf der Symbolisierung.« Ernest Jones, 1916), und die Ich-Bildung hängt von der Sublimierung ab.

SYMPTOM Ergebnis eines Kompromisses zwischen verdrängtem Wunsch und verdrängender Instanz (Ich, Über-Ich). Symptombildung ähnelt sehr der normalen Traumarbeit.

TODESTRIEB, THANATOS Etwas anderes als der aggressive Wunsch, jemanden zu töten; eher dem Individuum angeborener Trieb zur Selbstzerstörung. Freud unterschied zwei Arten von Trieben: Sexuelle Triebe (Eros), die fortwährend die Erneuerung des Lebens anstreben und erreichen; und andere, die nach der Auflösung und Beendigung des Lebens trachten. Diese Ansicht wird von keinem bekannten biologischen Prinzip gestützt, wohl aber von einem physikalischen (Entropie).

TRAUMARBEIT 1. Aufgabe der Träume ist es, den Schlaf dadurch zu bewahren, daß Wünsche als erfüllt dargestellt werden, die sonst den Träumer aufwecken würden. 2. Der manifeste Trauminhalt rührt von mannigfaltigen Sinnesempfindungen her, die während des Schlafs gespürt werden, wozu noch Tagesreste treten, das heißt die Erinnerung an wichtige Begebenheiten des Vortages oder der unmittelbaren Vergangenheit. 3. Latente, verdrängte Wünsche aus dem Unbewußten hängen sich an diesen manifesten Inhalt an. Um die Zensur zu vermeiden und um zu verhindern, daß der Schläfer aufwacht, modifizieren oder maskieren diese latenten Wünsche ihren Inhalt. Diese Modifizierung, die im Unbewußten stattfindet, nennt man Traumarbeit.

TRIEB Angeborener biologischer Handlungsmechanismus, der eine biologische Quelle und einen Energievorrat hat; sein Ziel ist die Befriedigung, die er bei Objekten findet. Nichtbefriedigung führt zu Frustration und erhöht die Triebspannung, was als unlustvoll empfunden wird. Diese Unlust muß (gemäß dem Lustprinzip) Erleichterung finden und löst Abwehrmechanismen aus, um die Spannung zu verringern. Das Ich reagiert mit Angst auf Spannung und regt so seine Abwehr an. Freud postulierte vier Veränderungsmöglichkeiten des Triebs: Verdrängung, Sublimierung, Wendung gegen das Selbst (das Selbst wird als Triebobjekt benutzt) und Inversion (Verkehrung in das Gegenteil, zum Beispiel wird eine aktive durch eine passive Rolle ersetzt).

ÜBERTRAGUNG Verschiebung von Gefühlen und Vorstellungen, die von introjizierten Figuren oder Objekten abgeleitet sind, auf den Analytiker. Die Zurückhaltung des Analytikers (der sich weigert, das »Spiel« des Patienten mitzumachen) verursacht eine Neurose, die man so interpretieren kann, als nähme der Analytiker den Platz von Vater, Mutter oder Bruder usw. an. In dieser Übertragungsneurose wird der Konflikt durchgearbeitet, und dem Patienten werden unbewußte Verhaltensmuster bewußtgemacht.

UNBEWUSST, DAS UNBEWUSSTE Kann es psychologische Prozesse geben, von denen das Individuum nichts weiß? Ist die Existenz von unbewußten geistigen Prozessen per definitionem widersprüchlich? Dies sind die wesentlichen Fragen und Kritiken der Psychoanalyse. Freud nimmt die Existenz von zwei unbewußten Prozessen an: diejenigen, die leicht bewußt werden können, und die, die der Verdrängung anheimfallen. Einige Vorgänge können leicht ins Gedächtnis zurückgerufen werden, andere, wie Wünsche, Phantasien, schmerzliche Erinnerungen, existieren zwar, können aber nur nach der Überwindung spezifischer Widerstände bewußt werden. Freud gründet seine Hypothese eines dynamischen Unbewußten auf den letzteren Vorgang.

UNTERDRÜCKUNG Ein Prozeß wird unterdrückt, wenn er durch das Wirken eines anderen Prozesses »abgeschaltet« wird. Auf diese Weise kann Furcht sexuelle Wünsche unterdrücken usw. Als unterdrückende Instanzen wirken normalerweise das Ich und das Über-Ich; der unterdrückte Vorgang ist normalerweise ein Triebwunsch. Unterdrückung kann man als Symptom betrachten.

VERDRÄNGUNG Ein Abwehrmechanismus, mit dessen Hilfe nicht akzeptable Impulse oder Vorstellungen ins Unbewußte verbannt werden. Eine psychische Operation, die auf dem Konflikt zwischen Lustprinzip und Realitätsprinzip beruht. Impulse, Erinnerungen und unlustvolle Vorstellungen bleiben auch im Unbewußten aktiv, produzieren unter Umständen Symptome, aber auch normale Träume. Ich-Entwicklung beruht auf der Verdrängung.

VERSCHIEBUNG Ein Affekt wird von einer psychischen Vorstellung auf eine andere verschoben, zu der er nicht wirklich gehört. Passiert oft in Träumen.

WIDERSTAND Im Verlauf einer psychoanalytischen Behandlung nennt man all jenes Widerstand, was in den Handlungen und Worten des Analysierten sich dem Zugang zu seinem Unbewußten entgegenstellt.

BÜCHER VON FREUD

Die beste Einführung in das Werk Freuds ist Freud selbst. Nur solltet ihr zwei Dinge beachten:
Beginnt nicht mit dem **Abriß der Psychoanalyse,** denn dies ist keine Einführung in die Psychoanalyse, wie der Titel vielleicht vermuten läßt. Zu beachten ist weiter, daß Freuds Bücher Zusammenfassungen seiner Arbeit darstellen, wie sie zum Zeitpunkt des Schreibens sich entwickelt hatte. Er veränderte und präzisierte seine Vorstellungen immer wieder und hat nie ein endgültiges, vollständiges »System« vorgelegt.

Die folgenden Bücher können all denen einen Überblick über die Grundlagen der Psychoanalyse verschaffen, die erst einmal Freud selbst lesen möchten.

Da gibt es zunächst die **Werkausgabe** in zwei Bänden, die im S. Fischer Verlag erschienen ist. Als Fischer-Taschenbücher liegen vor:
Neue Folgen der Vorlesungen zur Einführung in die Psychoanalyse. (6390).

Abriß der Psychoanalyse/Das Unbehagen in der Kultur. (6043).

Der Witz und seine Beziehung zum Unbewußten. (6083).

Zur Psychopathologie des Alltagslebens. (6079).

BÜCHER ÜBER FREUD

Einführung in Freuds Theorien:

Charles Brenner: **Grundzüge der Psychoanalyse.** Fischer-Taschenbuch 6309.

Oscar Mannoni: **Sigmund Freud.** rowohlts monographien 178.

Robert Waelder: **Die Grundlagen der Psychoanalyse.** Klett-Cotta.

Richard Wollheim: **Sigmund Freud.** dtv 803.
Dieses Buch legt sein Schwergewicht auf die philosophischen Implikationen und Hintergründe der Theorien Freuds, was im vorliegenden **Freud für Anfänger** etwas vernachlässigt wird. Ein ausgezeichnetes Buch, aber für den Anfang nicht allzu leicht.

Sibylle Drews/Karen Brecht: **Psychoanalytische Ich-Psychologie.** Suhrkamp.
In diesem Buch werden grundlegende theoretische Konzepte Freuds analysiert und mit den Konzepten seiner Schüler und der neuen Psychoanalyse verglichen. Für den psychoanalytisch Interessierten ein wichtiger Überblick.

Weiterführende Literatur:

Juliet Mitchell: **Psychoanalyse und Feminismus.** Suhrkamp.
Kritik an Freud aus dem Lager der Feministinnen war oft ausgesprochen feindselig, insbesondere in den USA. Mitchell untersucht die feministischen (Fehl-)Deutungen Freuds durch Friedan, Millett, Firestone und andere, des weiteren die Politik der Sexualität, Reich und Lang. Ihre Ansicht ist neu, positiv, radikalsozialistisch und feministisch. Ein wichtiges Buch, aber nicht leicht zu lesen.

Herbert Marcuse: **Triebstruktur und Gesellschaft.** Suhrkamp.
Der marxistische Philosoph Marcuse untersucht Politik, Gesellschaft und kulturelle Befreiung unter den Aspekten Freudscher Theorie.

Tilmann Moser: **Lehrjahre auf der Couch.** Suhrkamp.
Ein Psychoanalytiker beschreibt seine Lehranalyse. Packend, wie jemand Freud am eigenen Leibe erfährt.

Michael Schneider: **Neurose und Klassenkampf.** Rowohlt. dnb 26.
Mit Freud gegen Marx und mit Marx gegen Freud. Ein sehr interessanter Versuch einer Analyse und Synthese.